SHIMEI NO TANJO

EDO-JIDAI NO NAMAE WA NAZE KIETANOKA

Copyright © OWAKI Hidekazu 2021

Chinese translation rights in simplified characters arranged

with CHIKUMASHOBO LTD.

through Japan UNI Agency, Inc, Tokyo

〔日〕尾脇秀和 著

王侃良 译

江户时代的
人名
为何消失了

日本人的姓与名

社会科学文献出版社
SOCIAL SCIENCES ACADEMIC PRESS (CHINA)

目　录

序曲

人名常识的百态

江户时代的"人名"

当我们翻看江户时代的古文书①，林林总总的人名总会时不时跃入眼帘，喜三郎、源藏、庄助、文吉、新之丞等，诸如此类。虽然有些人名仍沿用至今，但江户时代的人名大半依然是甚左卫门、久右卫门、九兵卫这样的"人名"。每每听闻，总给人们留下"旧时代人名"的印象。或许随着时代的变化，人名亦日异月殊。

然而就江户时代与现代人名的异同而言，受其所产生的环境，如文化或习俗等诸多因素影响，两者在许多本质问题上差异显著。以大名或旗本这样的上级武士为例，大冈越前守、远山左卫门尉、西乡赖母等这样的人名，一看便与庶民之名迥异。又如田沼主殿头意次或长谷川平藏宣以之类，像是在其名之后拖着一个似名非名的"部件"。

---

① 在日本史研究中，一般将文献史料分为古文书和古记录两种。古文书多指一方为表达己方想法、希望、诉求等内容而向指定一方书写传递的文字史料，如朝廷、公家、幕府向地方发布的诏书、宣旨、下文，下位者向上申诉时的解状，还包括类似双方财产让渡时所需要的契约证明，如让状、卖权、借用状等。——译者注（除了下条为编者注，本书脚注均为译者注，后文不再注明）
本书有些专有名词，如人名、地名、官名等，日文原版的正文和插图有些不完全一致，编辑时未做改动。——编者注

另外，江户时代不限制改名，人名更换不停。小时候被唤作浅吉，成年称作源次郎，等到继承家业成为一门当主①时又变成了源左卫门。在时人看来，幼名、成人名、当主名对应个人生涯的每个历史节点理所当然。还有父亲叫嘉兵卫，儿子、孙子甚至曾孙都叫此名——每代当主都承袭同一"人名"，时人亦习以为常。

"人名"还会随主人身份及其所处环境的变化而不断更替。如一男子去岁还是八文字屋佐兵卫，来年就成了大坂屋喜兵卫；又或是一人本来还叫三文字屋仁右卫门，不知怎的成了哪家的家臣，就改称中尾嘉内。这背后的原因形形色色。在江户时代，"人名"随个人生涯发展而变更非常普遍，可以说没有男性一生只拥有一个"人名"。像这样江户时代人名的基本常识，显然与现代人的"氏名"观念大相径庭。

那么，江户时代的人名为何物？它又是何时变成现在"氏名"模样的呢？江户时代的传统为何没有延续至今？在它消失后，"氏名"又是如何在近代诞生的呢？本书将带着这些问题对这段历史追根溯源。

或许在人们的想象中，"氏名"的诞生应归功于明治时代"御一新"②带来的划时代变革，但是笔者考察发现，历史真相恐怕与此大相径庭。王政复古是引领我们解密真相的关键

---

① 户主或一家之主。

② "明治维新"的古称或别称。狭义上指自 1867 年"大政奉还"到 1868 年明治政府建立所经历的历史阶段。广义上则泛指日本从近世幕政向近代"王政"转变的整个历史时期，即所谓"明治新政"。

词——虽然粗看之下似乎与本书主题并无关系，可就在明治初年，围绕人名问题掀起了一场令人悲喜交加的风波。

不过在一步步接近真相前，作为前提要件，我们必须回到不同时代的历史现场，了然当时人们对人名所共有的认识。

今日所谓"氏名"之物

首先让我们先来梳理一个基本常识：何为现代日本人的"氏名"？

现代日本人的人名称作"氏名"，由氏与名两要素构成。"氏"即家族名号，又被叫作"姓""苗字"①，按英语来说便是"family name"。"名"则是个人称谓，即"first name"。也有一说将其分别称作"上边的人名"与"下边的人名"②。两者合一，便是全名（full name）。另外也会把"氏名"叫作"姓名"。

以"山下太郎"为例。私下里随个人喜好，任选"山下"或"太郎"其一称呼都无妨，但当需要给文件署名时，一般来说会按照格式要求，在"氏"与"名"的栏中将两者全部填上。尤其是一些对公业务的正式文件，只要两者缺其一，大多数情况下该文件就会以信息不全为由被拒绝受理。由氏与名共同组成的

---

① 在日语中，与"苗字"发音相同，且意思接近的还有"名字"一词（本书第四章会对此问题展开详述）。然而与中文不同，日语汉字中的"名字"即中文的"姓"。

② 以简体中文出版中的横排排版惯例来看，这里"上边的人名"或"下边的人名"应做"前面的人名"或"后面的人名"更贴切，但因原书所列人名及人名史料皆为竖排，故为避免文意混淆，保留了此说法，后文同。

正式人名，是生活在现代社会的我们不可或缺的必需品。

另外对现代日本人而言，登记在户籍中的"氏名"亦是独一无二的"本名"。除国籍归化等特殊情况外，"氏"在每个人诞生时便得自祖宗，不可再造新苗字；而"下边的人名"则是在当事人未谙世事时由父母所取，算得上是新作之物，但是日后也无法随意更改。当然，这里倒不是说一定不能变，只要有正当的理由仍可改名。然而改名并非易事，对此人们往往会产生自他意识的互斥，有时还会产生罪恶感。究其背后的历史原因便是近现代以降，一个新的观念如执念般根植在众人心中——"父母倾注感情赐我人名，恩情永在，一生不变自是当然"。综上，在现代日本人的常识里，人名应由"氏"与"名"两两构成："氏"是代代相传、珍贵的家族名号，"名"则授自父母，且原则上并不好随意更改。

以江户时代为起点

然而江户时代完全找不到上述现代人的人名常识。除幼名外，个人生涯的其他人名未必取自父母；想改名时，也不会受"受自父母，一生不变"观念的影响。尽管都是日本人的人名，但江户时代人与现代人思考此问题时的出发点，或曰常识，实乃天南地北。

现代人的常识必然基于现代社会的文化或习惯而来，江户时代的人们也不例外。他们思考问题的惯性同样为当时环境所左右，生活在一个诸多常识与现代人完全不同的世界里。倘若我们仍以现代的"氏名"观念为基准去审视江户时代的人名，便往往会曲解历史事实，停留于"以前的人名可真复杂""老早连苗字都不能用好可怜"这般印象，无法真正理解其本质。

价值观、文化或者说常识，一定是不同时代不同社会以及生活在其中的人们合力而成的产物。它们有时是久而久之最后约定俗成，有时却是受到某些影响而强行发生了变化。总而言之，人们会顺应不同环境打造出"那个时代的常识"。现代人会觉得江户时代的人名"怪模怪样"，也正是因为围绕人名的社会基本常识本来就古今有异。如果我们不能意识到这一点，那么就很难理解人名自江户时代到明治初年所发生的变化——什么发生了改变，它又是如何变化的？

因笔者能力有限，无法自古代①起完整阐述日本人名的历史，只能将江户时代的"人名"作为历史起点，依次探讨当时的人名常识，日后人名如何变化，现在的"氏名"又是如何诞生的。为了能更好地阐述这些问题，本书首要的任务便是让读者对江户时代人们潜意识里所认同、接受、共有的人名常识形成概念。不过纵然是江户时代，前前后后也长达250余年，其前后期的文化亦截然不同，本书所要深入讨论的人名常识则主要存在于18世纪中叶以降的历史时期。当然，这样的时段设定并不意味着江户初期，甚至是日本古代或者中世②的

---

① 在日本史的分期中，古代一般指古坟时代（约3世纪）或飞鸟时代（约6世纪）至平安时代末期（约12世纪）。

② 在日本史的分期中，中世一般指院政时代初期（11世纪末）至战国时代末期（16世纪末）。另外日本的江户时代又作"近世"，后文中"江户""近世"两词频繁登场，实为一物。

人名常识之间相去无几。赘言一二，以免误导读者。

全书结构

本书将对江户后期至明治初期的人名变化追根溯源。以下先简单介绍全书各章的内容。

第一章将先梳理江户时代人们对"人名"抱有的基本常识，随后针对"人名"所反映的各种社会观念，以及"人名"与"官位"之间的密切联系展开说明。

第二章欲一窥武家或庶民"姓名"的真貌，而后细说"姓名"——这一在用途上与日常所用"人名"截然不同的历史事物，并阐述与此相应江户时代人对"姓名"的看法与认识。

第三章想聊一聊江户时期的朝廷，即公家世界中的人名常识。与当时以武家为内核流行世间的人名观相比，公家那边却呈现一幅迥然相异的光景。希望通过此章的介绍，将一个重要的基本观点传达给读者：江户时代的人名常识实则有二，其一为一般常识，其二则是公家世界对此的认知，或曰朝廷常识，两者同生共存。

第四章将一边回顾江户时代有识者对人名一般常识的诘难，一边总结并整理江户时代的人名构造，以此阐明一个当时正在发生的历史变化——"支持朝廷常识才为正理"的声浪开始慢慢升高。

第五章欲把主要篇幅聚焦在庆应三年（1867）至明治二年（1869）之间。此时日本开始推行基于朝廷常识的王政复古政策。本章将描绘在这一背景下，江户时代的人名常识随王政复古实施而逐渐土崩瓦解的景象。

第六章会把目光放在明治二年七月"职员令"颁布至明治五年"氏名"诞生前的历史时期。以颠覆性的"官位改革"为里程碑，时人观念中的两种人名常识不断交织杂沓、乱象丛生，最终当局不得不朝着未来"氏名"诞生的大方向收拾残局。本章将详细叙述这一过程。

第七章将从针对庶民的苗字强制使用及限制"氏名"改名政策入手，描绘直到现代"氏名"概念大致形成的全貌。

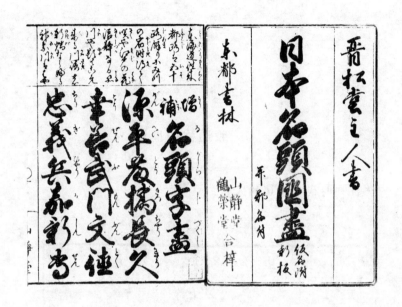

第一章

"人名"的一般常识

『日本名頭国尽』（江户时代后期刊，日本早稻田大学图书馆藏）

一　一般通称的世界

江户时代"下边的人名"

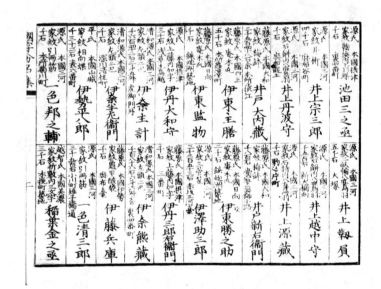

图 1-1　旗本的人名

说明：图片所载内容为文政十年（1827）六月的信息。

资料来源：『国字分名集』、1829（本书后文图片，若未注明出处，皆为笔者个人所藏）。

图 1-1 是文政十二年刊旗本人名录《国字分名集》的一部

分。伊势平八郎、井户新右卫门、伊东主膳、伊丹大和守等这些人名既是外人对其拥有者所称，也是人名主人对外宣称的正式人名。它们不仅出现在要求署名的对公文书中，也会在私人金钱往来的借用证文①、书信等需要落款的场合露面。人名的作用涵盖公私两界。

这些人名通常由两部分构成：一族共享的苗字和相当于个人名中"下边的人名"。乍一看，这种组合非常像现代"氏＋名"的样式。其中"下边的人名"在江户时代除有"名"这一说法外，还有"通称"（此处"通称"与现代日语中的意思不同②）之称。通称可大致分成三类：①正式官名，如"大和守"；②仿官名，如"主膳"；③一般通称，如"平八郎""新右卫门"等。

按照上述分类法，试着将图1-1中的22个人名重新排列并制成表1-1。其中①~③类通称，无论哪一种在当时都做"下边的人名"来使用，不过它们三者迥然有异，这种差异也造就了江户时代"人名"最大的特征。为了一探其究竟，让我们先从分类③一般通称着手，了解包括大名、旗本到普通武士、百姓③、町人在内，大多数江户时代人潜意识中的人名常识。

---

① 借用证文类似中文的借据，在日本古代一般将其写作"月借钱解"，中世作"借券"。

② 在现代日语中，"通称"指一般通用的称呼。

③ "百姓"一词在日语中随时代更迭而语义变化。日本古代指"凡有姓的'公民'，或从事农业的农民"。庄园兴起后，指"庄民、乡人、地下人的农民"。庄园制瓦解后，村自治组织"惣"的所有成员皆称为"百姓"。中世末，经兵农分离和城下町的建设，"百姓"基本指住在农村的农民。至江户时代，实行"士农工商"身份制，其中"农"为"百姓"。

另外鉴于"苗字＋通称"的形式在江户时代还有"俗名""氏名""姓名"等不同叫法，为便于行文，会在后文中将"苗字＋通称"及"通称"全部统称为"人名"。

表 1 - 1　近世"人名"的三种类型

①正式官名	丹波守、越中守、大和守
②仿官名	主膳、监物、主计、兵库、靱负、大内藏
③一般通称	宗三郎、平八郎、助三郎、清三郎、新右卫门、半左卫门、三郎右卫门、胜之助、邦之辅、三之丞、金之丞、源藏、熊藏

"人名"的"尾"与"头"

在一般通称中，如熊藏、宗三郎、半左卫门等人名，无关社会地位或职业，遍及从武士到庶民的所有阶层，称得上江户时代"最普通的人名"。在这类人名中，总能在其语尾发现有许多像"小尾巴"般的固定搭配，如某右卫门、某左卫门、某兵卫，或者是某藏、某助、某之丞等。就此，笔者将"小尾巴"的种类做了整理分类（表 1 - 2）。一般通称几乎皆已囊括在表 1 - 2 里。

表 1 - 2　江户时代一般通称主要的语尾固定搭配

官名风及其他	排行式	排行式变形
～左卫门	～一郎（市郎）	～一（市）
～右卫门	～太郎（多郎）	～太
～兵卫	～次郎（治郎）	～次（治、司）

官名风及其他	排行式	排行式变形
~太夫	~三郎	~五（吾）
~平	~四郎	~六
~助	~五郎（吾郎）	~七
~藏（造、三）	~六郎	~八
~作	~七郎	~十
~吉（橘）	~八郎	~吉郎（橘郎）
~内	~九郎	~郎
~松	~十郎（重郎）	
~之助		
~之丞（允）		
~之进		

注：做通称时"郎"还多以其略体①"良"的形式出现，但少见"朗"字（不过"郎""朗"的草体几乎同形）。"助"字多与"介、辅、祐、亮"等字通用。"排行式变形"，一指省略某字，如"一郎""太郎"省略"郎"字，只剩"一""太"；二指以排行式固定搭配为模板发生变形，如"吉郎"。"~吾""~内"这样的变形也可算在"东百官"（后文详述）内，但通称中也常见此二者，所以收入此表。"~弥""~马"有待后文详述。另外，江户初期"元右卫门"这样的人名常常以"元卫门"的形式出现，或是添上"尉"字，作"源右卫门尉"，都是当时的惯例。不过到了江户时代后期，上述情况几乎消失。

在江户时代的一般常识中，普通人名多会带有"小尾巴"这样的固定搭配。作为人名中的必要符号，"小尾巴"发挥着一个重要的功能：人们可以通过它来判断一个名词是不是人名。如一见"茶""小石子"之类的字词，无法确定是不是人名，但"茶右卫门"或"石藏"一出，人们便马上能知晓其为人

---

① 日语称"略体字""略字"，接近中文"简化字""简体字"之意，但在简化的范围和字形选择上与中文所指多有不同。

名。"小尾巴"就是明示人名的符号。

"小尾巴"的第一个字被称为"名头"（又作"头字"或
"名头字"）。譬如源藏的"源"、清三郎的"清"、半左卫门的
"半"等。"名头"在使用时或多或少也有定例可循。如父亲名
为勘兵卫，其子便多会叫勘次郎或勘藏。究其缘由，还是因为
共用名头"勘"字能够体现父子世代相承的关系。

不过接在名头"勘"字后的"小尾巴"，实际上却鲜有定
式。后文也会提到，在不受町或村等社会集团内部制约时，又
或是在不与习俗相抵牾的情况下，叫成勘作也好，勘七也罢，
都无大碍。在江户时代人看来，"小尾巴"只是一个表明人名的
符号，没有任何实意。至于使用哪一个"小尾巴"，也全凭人名
主人，即其本人或父母的喜好而定。

人名符号的固定化

助三郎、平八郎等名中之"郎"字也是人名符号之一。它
本来表示出生顺序，如"太郎"意味着长子，"三郎"即为老
三等，故而被称作"排行式"搭配。像甚八、弥七、矶六这样
的皆是同类，只是省略了"郎"字。江户时代还有因是长子而
被叫作孙太郎的例子。诸如此类无外乎都衍生自"排行""辈
分"的"原义"。在现代人的观念里，听闻上述人名往往不难浮
现出相同的联想。

然而当我们翻看江户时代起着户籍作用的"宗门人别帐"
等史料时，里面记载的人名同样是排行式的固定搭配，却能发
现大量例子与序齿毫无关联。譬如在幕末时期的山城国乙训郡

石见上里村，百姓甚右卫门的两个儿子分别叫作甚五郎（35岁）和兵次郎（22岁）。同村百姓三右卫门有三子，各自唤作友次郎（25岁）、岩次郎（22岁）与次郎吉（17岁）。可见取名用字已与排行无关——"～次郎"也好，"～五郎"也罢，都仅仅被当成年轻范的人名符号。

同样在大名、旗本的家谱如《宽政重修诸家谱》中，哥哥叫勘七郎，弟弟却为助三郎这样的例子也比比皆是。正如江户中期书物《贞丈杂记》所述："当今之世，有惣领①之子（长子）作某某次郎、某某三郎，也有老二、老三称为某某太郎之例。"由此可见，像"～郎"这样的人名在江户时代的使用习惯中并不旨在强调排行，只是一个单纯的人名可选项。

在规则的范围内

江户时代后期又出现了一些省略关键数字，只使用单字"郎"做人名的例子，如三枝孙郎（旗本）、友泽葭郎（代官所手代②）等。究其原因，还是江户时代人名中的"小尾巴"并无实意，仅仅起着表示人名的作用。同时代出版的"取名指南"《韵镜反切名判集成》（文政五年刊）中有云："右卫门、左卫门、兵卫、助、丞之类为通号，可任意用之。五行相生辄只取

---

① 在中下级武士中，家族的首领称惣领，亦称一族之长。另外，嫡长子也被称为惣领。

② 江户时代，幕府在直领的枢要地区或邻近强藩的地方设官头（郡代），下设代官，由旗本充任，属勘定奉行管辖，执掌土地调查、户籍人口、核产定租等政务。手代指官头、代官之下负责农政的下级役人。

头字一字矣。"可见江户时代一般与人名有关的运势占卜只看"头字","小尾巴"怎么用都无妨。无论是半七还是半藏，甚至是半兵卫，掐指一算后都是同命同运。

另外名头也未必一定要取自父辈的名中一字，更不限于单字，所以我们能看到像伊佐治、弥惣兵卫、佐忠太、於兔吉、四方吉、间津兵卫这样采用了二字名头的人名。还有将排行式搭配拿来互相组合的例子，如三郎兵卫、次郎七、五郎三郎、五郎藏、太郎作等。可谓五花八门、形式繁多。综上，人名中的"小尾巴"必然出自一般通称的常识范围内。换言之，在当时已有规则可循。

上述固定搭配符号化后，当时人一般也不会在意"～右卫门""～助""～三郎"等字词的"原义"。庄右卫门不会去追问："我名中的'右卫门'是何意，其语源为何？"彦助也不会去思考："我名中的'助'字是否暗含了要去助人之意？"若穿越至江户时代，放不下对名中字词古早"原义"的执念，扯着人们问诸如"你叫甚五郎，所以你不是你家长子吧""源兵卫阁下，您可知您名中'兵卫'一词的语义否"这般的问题，只会白白招来对方的讥笑。作为语言文字的一种，演化为符号的"小尾巴"自然有其出处及"原义"。然而在江户时代，它们已经变成人名符号，并仅仅作为符号登场而不再表意。这是江户时代"人名"的真实面貌，亦是当时的常识。

家名世袭化与袭名惯例

若有一家人，当主历代以甚三郎为名，前任"甚三郎"之子弥太郎继承家督之时，自然成了他的改名之日。这样的例子从武士到庶民屡见不鲜。现在我们一般把这种传统称作"袭名惯例"。不过它倒也不是谁强制规定的结果。17 世纪末以降，政通人和，袭名惯例便在这样的社会背景下"自然而然"地渐渐发展成了习惯。

再以前述石见上里村为例。自 17 世纪末起，吉助或利左卫门这样的百姓当主之名已被其子孙世代袭用，成为"家族通称"（当主名）。也就是说，将某一人名当作全村集体成员的共同标识并"世袭沿用"已渐成常例。江户时代的人名既是一己之名，又有世袭家名的一面，两者一体同生，成为一大特色。

同样的例子在武士中更是不胜枚举。池波正太郎小说中那位赫赫有名的"火付盗贼改"① 长谷川平藏（幼名铁三郎），其父是首任长谷川平藏（后改名为备中守），而后主人公接棒袭名成为第二任长谷川平藏。他的下一代同样承袭此名（幼名为辰藏，后改名为山城守）。可见旗本长谷川氏父子孙三代，每代当主之名皆为"平藏"，世袭罔替（往后的子孙同样承袭了此名）。

不仅是当主名，世袭父祖幼名或成人名的例子也层出不穷。如江户的町奉行② 远山左卫门尉闻名遐迩，原名为远山金四郎（此为成人名，其幼名为通之进），"金四郎"之名便袭自其父。另外这里插一句，上一任金四郎被称作此名的确与他排行老四有关，但是到其子远山左卫门尉承袭其名时，便与远山自身的

---

① 江户时代负责处理纵火、抢劫、赌博的役职，全称为"火付盗贼改方"。
② 江户幕府的职名，主管幕府直辖领的政务。如果单称"町奉行"便仅指"江户町奉行"，其他町奉行须冠地名。

序齿无关了。可以说人名中的排行式搭配与出生顺位日渐脱钩，与家名世袭化不无关系。比起体现"排行老四"这一"原义"，"金四郎"更重要的是可以被当成父子相传的重要象征。纵是当下，我们仍能在歌舞伎演员的世界中看见这样的历史余韵。如像"团十郎""菊五郎"这样的世袭名号，它们要传递的信息显然不是排行老十、老五，而是家名世袭——早在江户时代，这已是普罗大众的人名习俗了。

人名相承的意义

那么为什么要继承先祖的人名呢？当然，说是风俗、习惯自是无妨。下文将通过一个事例探其究竟。

安政四年（1857），适逢越后新发田城主沟口主膳正的家臣寺田喜三郎去世。其子寺田弘吉郎继承家督时，逝者喜三郎的友人山口加治马找到了寺田家新当主，以"令尊长年侍奉新发田沟口家，勤勤勉勉，素有高名。不若改名为喜三郎，岂不美哉"的说辞劝其改名。后弘吉郎也确实改称寺田喜三郎了。弘吉郎的祖父，即喜三郎的父亲叫作"寺田喜右卫门"，所以"喜三郎"原本并不是寺田家代代相传的家族名号。却因喜三郎生前的赫赫功绩，"寺田喜三郎"之名也连带产生了价值，山口氏才会不惜唇舌劝其子改名。因此袭用人名根源于两种意识。其一，继承的是人名主人经年累月所打造的社会功绩与信誉；其二，抑或根植于继承者对未来能够继续前人辉煌的美好憧憬。略带点功利地说，像百姓源左卫门要代代自称"源左卫门"，或正是继承家族地位的新当主借此向外界亮相、宣传的手段。

在商人圈中，无论是鸿池屋善右卫门、加岛屋久右卫门这样日本数一数二的大豪商，还是来自小地方的黑田屋忠右卫门，几乎都有代代袭名的定例。这还是因为随着商业活动的发展与传承，人名与其背后主人的身价、商业价值紧密联系，人名也就渐渐蜕变成了商店名、商号名。

话虽如此，在大多数时候，人们并不会去仔细思考袭名惯例这一行为背后所蕴含的意义，更多的只是在遵循一种习以为常的社会习俗。有家族从头至尾都没有袭名惯例，也有家族只继承名头，如九十郎的后代称为九卫门，九卫门的后代叫九郎右卫门。无论哪种形式，都与江户时代重视墨守"先例""祖规"的观念密不可分。因此若去问当时人其家族为何要袭名时，或许也只能从他们口中听到类似"咱们家向来都是这么做的"这样的回答。其中的意义也好，理由也罢，并非人们所关心的内容——不明其由却樾守成规，是谓习惯、风俗，也是一种社会常识。

因"名"制宜

任何人取名都可以从一般通称中择而取之，使用某个人名无须得到朝廷、主君或者上一级权力者的准许。然而在实际情况中，人们仍旧会从自身所处的立场出发，妥善选名。当主自然会选一个符合其身份的匹配名号，年轻人的人名也要有年轻范。各种社会习俗与惯例互相交织作用，人们在取名时也不会随意逾越社会可容忍的底线。

江户时代人的一生一般会经历三次改名，分别对应四种不同类型的人名——幼名、成人名、当主名及隐居名。譬如百姓松兵卫呱呱坠地时从父母那儿得到幼名龟吉，成年后改为松次郎（成人名），而后继承家督袭得其父之名松兵卫（当主名），最后年迈隐居时他又会将松兵卫之名让给儿子等继承人，自己则改名为仁兵卫或净圆（隐居名或后文所述之法名）。虽说父子相承同一人名，但一家之中不会同时出现两人都叫"松兵卫"的情况。

在江户时代一般的取名倾向上，"～兵卫""～右卫门""～左卫门""～太夫"之类多用作当主名。其他的则皆可做幼名、成人名或当主名来使用。武士集团取名时常常选择"～之进"，但百姓、町人的成人名或当主名则难见其身影。不过也有百姓取"八十之进"为名的例子，虽不常见，却也确有其事。因此取名既是一种个人趣味，也有地域性的一面，很难一言以蔽之。

幼名授自父母，待到成人（多为 15、16 岁，或曰"若者"）时便可自行改名。农村的话，年轻人多会在被称作"官途成"①或"元服成"②的成人典礼上集体改名。如从史料来看，文化十三年（1816）八月，石见上里村的年轻人举行了一场"名替"③活动，为治郎、伊八、岩吉、矶五郎在同一时间改名成了矶七、

---

① 官途原指官职、官位或京官，这里指室町时代以降，庶民成人，或得到某些村落、集团的首肯，可以使用"卫门""尉"等人名为名，故"官途成"即命名仪式。
② 指元服仪式。
③ 此处意指改名。

伊三郎、文五郎、又七。再对比同村的其他史料，能发现诸如"~三郎""~五郎""~藏"等通称都是当地年轻人取成人名时偏爱的选项。

不过令人意外的是，纵是相隔不远的村子，选取通称为名的习惯也不一致。石见上里村的年轻人几乎无人选用"某右卫门、某左卫门、某卫门"为成人名，在其他一些地方，叫甚兵卫或右卫门的年轻人却不乏其例。甚至某村落还留有习俗，会故意给身体羸弱的幼儿取名某右卫门这样的成人名，以保佑他们平平安安长大成人。另外在江户时代的农村，除了领主支配等关系，地域与村落内部也会各有其独特的运行秩序。尽管在领主眼中，所辖的百姓无论是谁皆是被统治者，自可一视同仁，但这并不意味着百姓之间都能等量齐观。农村中各家各户都有着不同的格式、序列，它们互为合力促成村落的风俗习惯，人们的取名习俗也自然深受其影响。譬如有这么一个例子，说在某村有一特别规定，只有其世家百姓才可取"某右卫门"为名，"外来户"的百姓在取名时只能使用"某兵卫"。不过这种规定只对该村百姓有效，此村之外的地域并不会受其制约。

以名示人

再来聊一聊法名，它同样可以被当作一般通称来使用。法名是那些剃度削发人士，如僧侣、医者、隐居者等所用之名。常见的法名有宗春、旭真、良海、洪庵之类。江户时代的人们凡年老后，或者已将自己的人名（世袭"家名"）传给了继任者，就多会选择剃度并改称法名，譬如藤右卫门落发后便自称圆斋。

除此之外，江户时代的医者以僧侣之姿示人亦是常例。如侍奉武家的医师森宗村、村田长庵、榎本玄昌等皆以法名自称。特别像"～庵"这样的人名，都算得上是医者专属的人名符号了，甚至连那些没有剃度的惣发①医师也会保留使用法名的习惯。看农村百姓人名，里面若混着"祐庵"的当主，那多半是村医。如此命名，就是为了向别人明示自己医者的身份。又有在隐士、学者或画家中多见以晴轩、见山、鲁堂、冰翁等雅号做通称为名的事例。这也是他们通过取名的方式，向外界彰显自己已远离俗世的态度。类似的例子还有很多，如人称长松便大致可猜到其为商家学徒，名权兵卫者约莫便是百姓家的当主，叫寅太郎的大抵是年轻人，朝之进则多半是武士之名。这些"规则"在不知不觉中深入人心。因此在江户时代，人名在某种程度上发挥了体现主人社会地位的作用，可谓以名示人。

不过一般通称并没有所谓的"全国统一标准"。尽管多多少少会有一些明确针对一般通称的使用规范，但那也是制定这些规范的家臣团、村、町等社会集团或者商业团体内部的个别行为。另外像幼名、成人名、当主名、隐居名等人名，都是使用者通过"改名"对自己人名的变更及更新，但这并不意味着个人会渐渐持有越来越多的人名。原则上来说，江户时代每个人

---

① 古时日本的一种发型，一般指男子不剃月代头（从前额侧至头顶，头发全部剃光，露出头皮呈半月形），而将头发后梳并在头顶打结的发型式样。也有甚者都不打结，任由头发自然披散。在江户时代留有此发型的多为医者、儒者、浪人、神官或山伏（漫步山林的修行者）。

的某一人生节点有且只有一个正式名称，所以并不会因为改名而给人们带来太大的负担。当时的人们本就身处这样的历史环境之中，对此习以为常。

二 以官名为名

名作"大和守"

江户时代有一些特别人名，如播磨守、采女正、图书头等，此即通称分类中的正式官名。它们由古代朝廷的官名（官职名）发展而来，人们不能随意擅自取用。

能够以这类人名起名的，武家这边几乎只限于大名及一部分旗本，而且它们也不能做生涯首名来用。如图1-1所示伊丹大和守，出仕时用的人名是伊丹驹次郎，文化十三年被任命为中奥小姓时才从驹次郎改称大和守。再如井上越中守在任骏府町奉行、西丸御持弓头等职务时仍作井上左门，文政四年受命奈良奉行才把人名从左门改成了越中守。

旗本的话，只要能够满足一些特定条件，就可以在主君——将军的首肯下从一般通称或仿官名改为正式官名。江户幕府除了由谱代大名担任的老中、若年寄等职外，仍有大目付、町奉行（即江户町奉行）、勘定奉行等各色各样的役职要由旗本及旗本以下的武士（御家人）来担任。旗本、御家人的格式以能否觐见将军为界，分成"御目见以上""御目见以下"两大类。而"御目见以上"的武士又以被委任的役职品级可被划分为"诸大夫役"、"布衣①役（布衣以上）"、"布衣以下"三档（表1－3）。

表1－3　幕府直臣诸役职格式概要（除大名、高家外）

格式		役职
御目见以上	诸大夫	骏府御城代、伏见奉行、御侧众、御留守居、大御番头、御书院番头、御小姓组番头、田安御家老、一桥御家老、清水御家老、林大学头、大御目付、町御奉行、御勘定奉行、御作事奉行、御普请奉行、小普请奉行、西丸御留守居、甲州勤番头、长崎奉行、京都町奉行、大坂町奉行、禁里付、仙洞付、山田奉行、日光奉行、堺奉行、奈良奉行、御小姓头取、御小姓众、中奥御小姓、御小纳户头取、箱馆御奉行
	布衣以上	小普请组支配、新御番头、骏府御城番、骏府町奉行、佐渡奉行、浦贺奉行、御小姓组组头、御书院组头、御小纳户众、御旗奉行、御枪奉行、百人组之头、御持弓头、御持铁炮头、御先手弓头、御先手铁炮头、御铁炮御用众、御鹰匠头、御勘定吟味役、西丸御里门番头、御留守居番、二丸御留守居、定火消、御目付众、御使番、小十人头、御徒头、大坂御船手、御船手、田安御用人、一桥御用人、清水御用人、御纳户头、奥御右笔组头、御腰物奉行、御郡代、御代官（布衣）
	布衣以下	新番组头、大番组头、表御右笔组头、御膳奉行、御书物奉行、御藏奉行、御代官（布衣以下）、御细工头、御畳奉行、评定所留役、御同朋等一众役职
御目见以下		御鸟见、御天守番、支配勘定、御徒目付组头、御扫除头、诸组与力·同心、漆奉行手代、御中间、御小人、黑锹之者、御扫除之者、评定所书役等一众役职

注：各役职名无论是否需要添加"御"字皆照搬资料来源。另外"布衣役""布衣以下"中皆有代官一职，而"林大学头"虽非世袭役职，但在《万代宝鉴》中被收在了世袭役职一栏。

资料来源：『改正增補　万代宝鑑』、1803；『懐宝便览』、1826；『掌中大概順』、1848－1855。

---

① 与中文意思不同，此处指江户时期有大纹的武家礼服。

其中，诸大夫役被视作上级役职，如京都町奉行或御书院番头等。幕臣若被任命为其中任一役职，便从将军那获得了诸大夫格式，从而受允可以使用正式官名来给自己取名。得到许可后，改名者将先从正式官名中自行选择其一来做人名，如"大和守"等。然后向上申请"改名"，获得将军准许后便能够以此自称。正因为武家的正式官名表明了使用者的身份为诸大夫以上，所以它成了一种特别的人名。

这里需要补充的是，诸大夫格式不能和役职混为一谈。纵是辞职或遭罢免，使用者仍然可以继续使用"大和守"这样的人名。另外有时候诸大夫格式也不一定与就任役职直接挂钩，有功绩者若受将军属意，也会被赐予诸大夫格式。

不过如果是旗本的话，原则上诸大夫格式不允许世袭。前文所述一家三代"长谷川平藏"，初代长谷川平藏任京都町奉行时改名"长谷川备中守"，三代目平藏也在受命为西丸御小纳户头取时改称"山城守"。而现在最出名的二代目长谷川平藏却终其一生只做到御先手弓头（布衣役），并未就任过诸大夫役，所以只能一直以"长谷川平藏"为名——某某守之类的人名看来也并非唾手可得。

大名的场合

与旗本不同，大名因得将军赏赐，早已位列诸大夫之上，或者更高级别的"四品"格式，因此大名如松平土佐守或稻叶右京亮之类必以正式官名作称。不过有一点大名却和旗本一样，不是一出生就自动获得诸大夫的身份，所以一开始的人名还得取像小出主税、毛利银三郎、沟口诚之进这样的通称（仿官名、一般通称）。

诸大夫的格式由将军一一授予，原则上要等到元服之后，授予的时间段也受各大名家的先例、格式所左右而不尽相同。不过除非是幼年早逝，大名嗣子长大成人后必然会获得以正式官名取名改称的许可。接下来让我们以奥州盛冈城主南部大膳大夫的嗣子南部三郎为例，观察一下诸大夫受允改名的全过程。

宝历十一年（1761），南部三郎在觐见完将军后，于十二月十八日经由老中受传将军"晋诸大夫位"的命令。当天，三郎便向老中提交"改名信浓守"的申请，老中也会马上下达"可自行更改其名"的许可。于是当天南部三郎就改名成了南部信浓守。嗣子元服成为诸大夫后的改名手续实际上至此就完成了。看上去意外且有些呆板无趣，有关此点，后文还会提及。

而三郎改名后使用的"信浓守"是其父南部大膳大夫的曾用名，亦是盛冈南部家历代当主所用的人名之一。大名的话，虽然受允可以按照诸大夫以上格式来取名，但也和前文例子中的"平藏"或"金四郎"一样，事实上有着一定的限制或约定俗成的惯例，即大名后代会袭用父祖辈固定使用的正式官名。

在特别重视身份格式秩序的江户时代，人们可以通过人名来判断对方的社会地位。"长谷川平藏"与"南部信浓守"相遇后，前者只要见到后者的人名（通称），便可以判断出对方的格式要高于自己。因此人名成了推断对方身份的必要材料，可以让当事人据此迅速做出合适的应对，发挥着极为重要的现实作用。

官名的选择

武家诸大夫在用官名为名时，实际上并没有太多的可选项。可选择的官名差不多就局限在表 1-4 的范围。至于怎么选名，一般不是个人喜好，就是家族惯例。虽说与别人同名也无妨，但有避免与老中或者幕府要员同名的案例。当然，要是与自己身边的上司或同僚同名，也难免带来一些不必要的麻烦，所以一般会尽量避开。

表 1-4　近世武家诸大夫起名时主要使用的官名

官名大类	具体官名
受领	大和守、出云守、和泉守、河内守、美作守、伊贺守、伊势守、备前守、志摩守、上総介、备中守、伊豆守、下総守、备后守、飞驒守、近江守、安艺守、隐岐守、上野介、周防介、淡路守、越前守、纪伊守、壹岐守、播磨守、阿波守、对马守、肥后守、赞岐守、山城守、伊予守、摄津守、筑前守、远江守、筑后守、骏河守、肥前守、甲斐守、丰前守、相模守、丰后守、美浓守、安房守、信浓守、若狭守、下野守、能登守、出羽守、佐渡守、加贺守、丹后守、越中守、石见守、丹波守、长门守、但马守、土佐守、因幡守、日向守、伯耆守、大隅守、常陆介※、三河守※、越后守※、萨摩守※、陆奥守※
诸寮头	图书头、内藏头、缝殿头、内匠头、大学头、玄蕃头、主计头、主税头、木工头、大炊头、主殿头、兵库头、雅乐头※、扫部头※
诸司正	隼人正、织部正、内膳正、采女正、主水正、主膳正、造酒正、市正（东市正）
弹正弼	弹正少弼
八省辅	中务少辅、式部少辅、民部少辅、兵部少辅、刑部少辅、大藏少辅、宫内少辅
四职亮	大膳亮、左京亮、右京亮、修理亮

官名大类	具体官名
近卫府将监	左近将监、右近将监
四府佐	左卫门佐、右卫门佐（靫负佐）、左兵卫佐、右兵卫佐
四府卫	左卫门尉、右卫门尉

注：本表未收入那些一般不做人名使用的官名（表1-5同）。上野、上総、常陆等律令制国一般多由亲王担任太守，故其"受领名"只用"介"而不用"守"。带有※印记的皆为部分特定大名家世袭惯用的官名，长期近乎独占，所以武家诸大夫在起名时也会为避免麻烦回避使用。另外表内未记录，有部分家族会采用"弹正忠""大内记""典药头"为名。另外作为惯例，武家不会使用"尾张守""武藏守""治部少辅"为名，原因是为了避讳与历史上的人物取相同人名。特别是治部，因与石田治部少辅（即石田三成）紧密关联，德川幕府对此人特别厌恶，所以幕臣不会使用该官名为名。靫负佐与市正的相关内容详见本书第四章。

天保十二年（1841），旗本川路三左卫门受任小普请奉行，擢升至诸大夫格式，于是他便将自己的人名改为川路左卫门尉。可这里为何要取左卫门尉为名呢？旗本和大名一样，如果父祖辈曾位列诸大夫，多半会以"父辈都用'佐渡守'为名"等理由，继续选择相同的官名做人名，采取类似一般通称中袭名惯例那样的做法。然而川路是为其家族扬眉吐气的第一代，没有祖辈的先例人名可做参考。据史料（《川路左卫门尉觉书》），川路先从自己的通称"三左卫门"中"略去'三'字"，改作"左卫门"。而就在快要选定使用此名时，川路想起了已故的上一任远山左卫门尉，受其生平事迹感染，最终决定与这位前人同名。他这么记述："（远山左卫门尉）清心寡欲，不贪权慕禄，终得颐养天年。吾对其啧啧称羡，故以左卫门尉为名。"这大致便是川路为何要用左卫门尉为名的缘故了。

另外还要插一句，川路言及的远山左卫门尉并非当下因

"远山金先生"① 而闻名退迩的町奉行远山左卫门尉，实是其父。远山家一门二代当主皆位至诸大夫之列，所以都用了左卫门尉这一官名为名。当然，二代目也选择此名只是延续袭父辈名的传统罢了（不过二代目金四郎曾一度改名为远山大隅守，后才改作左卫门尉）。

四品相当②的官名

一部分高格式的大名，以及那些被称作高家的幕臣，选择官名为名的范围更广（表1-5）。拿这些官名做人名的，基本上都是四品③格式以上的大名或幕臣。甚至如奥州一关城主田村右京大夫等一众诸大夫格式的幕臣，按惯例也可以在表1-5的范围内选择官名为名。对大名、高家等诸大夫以上格式的门第而言，选择人名时原则上遵从家族先例。因此并不能说用了表1-5中人名的人物就一定比表1-4内的要高贵。

表1-5 大名、高家可用四品相当的主要官名

官名大类	具体官名
四府督	右卫门督、左兵卫督

---

① 阵出达郎名作《远山金先生》系列的主人公。远山景元（远山金四郎、远山左卫门尉）即是"远山金先生"的原型。
② 此处"～相当"为专有名词，指达到某个位阶（品级）后，任官时可选所有相当于这个位阶的官名。
③ 日本的官位品级虽仿自中国，但有所不同，一般而言称"某位"，如"正三位""从五位"。江户时代以后，武家内部还有一套与朝廷官位相似的武家官位制度。此处"四品"指武家官位中等同朝廷从四位下位阶的品级。

官名大类	具体官名
弹正大弼	弹正大弼
四职大夫	大膳大夫、左京大夫、右京大夫、修理大夫
八省大辅	中务大辅、式部大辅、民部大辅、兵部大辅、刑部大辅、大藏大辅、宫内大辅

注：与治部少辅一样，治部大辅一般不会被当作人名使用。另外，大辅的读音发生讹变，一般读作"tayuu"（タユウ）。

从官名的"原义"来看，右京大夫的级别要高于陆奥守，但实际上奥州仙台城主松平陆奥守的家格①远在田村右京大夫之上。对武家而言，官名已完全变成了一种"人名"，一种体现高格式的通称，几乎不会有人去关注它的"原义"或序列。佐渡守也好，左卫门尉也罢，谁都不曾在意这些作为人名的官名背后所蕴含的本来含义。在武家眼中，正式官名也不过是一种"人名"，一种通称——"虽不知其义，却只有高贵身份才获允使用这样的人名"已是共识。

被忽视的官名"原义"

武家达到诸大夫及四品格式并获得允许后，便可将一直使用的一般通称替换、改名为正式官名。从史料来看，信浓守也好，左卫门尉也罢，就如同三郎或者三左卫门那般，仅当作"名"来称呼。因此人名从三郎变成信浓守必是一种"改名"的替换行为，而不是一边继续使用"三郎"这个通称，一边又

---

① 即门第、家世。

另外获得了使用"信浓守"这个官名的权利。

然而诸大夫、四品等格式，以及像信浓守这样的官名皆有其"原义"。它们以这样的形式被保留至江户时代，因此武家所使用的正式官名又被称作"武家官位"。像信浓守或修理大夫等人名，本来的意思都是朝廷所颁布的"官职"名称——信浓守是朝廷派去管辖信浓国的地方长官，修理大夫则是修理职（负责内里①建设、修缮等工作）的一把手。

当然这些官名所蕴含的"原义"到江户时代早已时移俗易。就算"任"你做了某某督、某某守或某某头这类的"官职"成了领导，一不给你发工资，二不给你布置具体工作，甚至连工作地点也找不着。"信浓守"之类的官名早已蜕变为只是荣誉象征的头衔，人们不过是将授予称名权力的行为继续称作"任官"罢了。

"叙任"之程序

然而正因为仍有"原义"，所以还是有必要回顾一番"叙位任官"的程序。像前文所述以官名取名的形式，本是官员受朝廷（天皇）敕令，被叙擢担任相当于从五位下及从四位下位阶的官职（如"信浓守"）。这一流程被叫作叙位任官，简称"叙任"。

在朝廷势力屡弱的战国时代，就连许多乡间的下级武士都敢随意取"伊东加贺守"等官名为名。不过进入江户时代后，

---

① 这里指天皇居住的宫殿。

社会秩序在德川将军的威仪下一扫旧尘，重新恢复了正常。如战国时代那样僭称官名的情况也基本上得到纠正，不再发生，更形成了由将军一体管理、批准的武家官位制度。

本来将军并没有授予大名、旗本"官位"的先例，只是说可以准许他们获得"诸大夫"或"四品"等格式，并首肯他们的"改名"要求，改成诸如"信浓守"这样的官名罢了。然后为了避免此类改称"信浓守"的行为僭越，幕府会在之后向朝廷申请相应的"官位"叙任。换言之，将军以武家官位"诸大夫"对应朝廷的从五位下位阶，"四品"对应从四位下，应允大名与旗本叙位，同时通过准其"改名"这一行为，仿佛就像任其为"官"，譬如"信浓守"之类。随后幕府统计好人数会定期一并向朝廷提出申请。在整个流程中，大名或旗本本人无法直接向朝廷申请"官位"，仍旧需要依托将军的权力，由幕府将材料整理后再向朝廷申报。而此项工作则由被称作高家的幕臣负责。

再以前述南部三郎为例。此人于宝历十一年（1761）十二月十八日改名为信浓守。随后幕府为了让这一改名合理合规，向朝廷申请，授予其从五位下与信浓守的叙位任官之命。朝廷也必定会遵从幕府的要求，颁布证明其叙任的口宣案①、位记②及宣旨等书面文件。不过幕府一般会等好几人一起向上申报，那么朝廷颁布敕许的日子就会远远晚于幕府应允大名与旗本格

---

① 古文书的一种，指简略记述天皇口谕敕令概要的非正式文书。
② 朝廷授予位阶的正式辞令，类似于汉语中的"告身"。

式及改名的日期。然而尽管如此，朝廷仍会将落款的颁布日期倒推到将军应允之时，小心翼翼按照幕府的要求完成作业。然后高家就会把这些文件带回江户交给大名或旗本本人。

而对于南部三郎来说，人名很早就已经改好了，拿到手的文件不过是几张证明其为诸大夫的纪念品。而且为了获得这些凭证，为免夜长梦多还付了一笔不菲的手续费（礼金）。说得难听点，这些文件可谓其成为诸大夫后遭朝廷"敲竹杠"，被迫买回来的纪念品。不过也正是因为存在这样一套流程，正式官名才具有极高的价值。因为无论是否是形式上的"敕许"，没有天皇的首肯就无法以此为名。当然实际上的批准人仍是将军，所以所谓"叙任"也的确只是一具空壳而已。只是以官名取名的"原义"一直暗流涌动，最终在日后酿成动摇江户幕府根本的大问题。

侍从及侍从以上的场合

大名的称呼，常见的有尾张大纳言、水户中纳言、加贺宰相、萨摩中将等。这些都是武家中级别最高的人名，同样它们都是正式的官名。

武家的格式，其顺序自下往上为布衣→诸大夫→四品→侍从→少将→中将→参议→参议以上（中纳言、大纳言）。从诸大夫格式起，无论擢升至哪一个品级都需要先得到将军的批准，然后再由幕府向朝廷申报，走完形式上的叙任程序（侍从以上的武家官位详见表1-6）。

表1-6 侍从以上可做人名使用的武家官位

标准位阶	可做人名使用的武家官位	适用对象
从三位以上	大纳言（权大纳言）	尾张、纪伊
	中纳言（权中纳言）	水户
	"八省卿" *	御三卿（纳言任官以前）
正四位下 ~ 从四位下	宰相（参议）	加贺
	中将（左近卫权中将）	萨摩、仙台等
	少将（左近卫权少将）	越前松平等
从四位下	侍从	

注：括号内的头衔是朝廷颁布的正式官职名。在做人名使用时，有将权大纳言、左近卫中将省略为大纳言、中将的例子。御三卿（田安、一桥、清水）初时可取八省卿中的官名为名，擢升后以纳言称之。其中八省卿以实例来看，作名的有六种，即式部卿、民部卿、兵部卿、刑部卿、大藏卿、宫内卿。未做名使用的如中务卿，只有亲王任官时才能使用，故不做人名用。而治部卿则不在武家官位之中，其被排除在外的原因应同样与避免以治部少辅为名有关。御三卿中有德川民部卿等这般称"德川"的情况，待到格式被擢升为参议以上后，人名一般还是会改成如"田安中纳言"这样，即地名＋官名的形式。

　　过半的旗本与一般大名，其格式只到诸大夫。其余一部分格式较高的大名会擢升至四品。还有一些，其格式最初就位列四品、侍从。再特别一点的幕臣，像高家则可升任少将。还有就任老中、京都所司代、大阪城代、侧用人等职便被拔擢为四品侍从或四品的例子。大名的武家官位或格式纷繁复杂、名目繁多，此处不再跑题，回到只与人名有关的部分。

　　武家被擢升至四品后，取名的范围仍不出表1-4、表1-5。待其升至侍从以上后，取名范围扩大，获得了可以使用"某（地）某某守"等彰显荣誉的人名权利。例如土井大炊头升任侍从后便改名"古河侍从"，松平肥前守成为少将后其名则为"肥前少将"，松平修理大夫官拜中将后就变成"萨摩中将"。按当时的惯例，侍从以上的官名是绝对不会和苗字一起组合，只能和该大名的领国、领地一起配合使用。若身处江户时代的常识，绝对不会喊出"土井侍从"或者"锅岛少将"这样的人名。

　　古河侍从、肥前少将这般称谓，既是他人对称谓主人的敬称，也用在其主人自己落款署名之时。然而在武家社会的认识中，它们与官职无关，仅仅是土井大炊头、松平肥前守等人一个可以继续使用的人名罢了。如以发行于世的"武鉴"（大名的名册）来看，即使大名擢任少将，并不会特别去注明从"松平肥前守"改名为"肥前少将"，仅添加了一条"从四位少将"的信息（图1-2）。

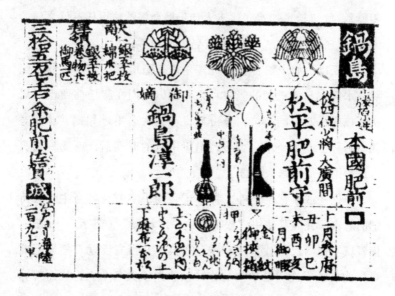

图1-2　武鉴所见对佐贺城主锅岛氏的记载
资料来源：『袖珍武鑑』、1850。

参议及参议以上的场合与松平称号

纵使萨摩岛津氏或仙台伊达氏这样屈指可数的实力大名，其格式上限至中将为止，原则上不再升格。德川氏以外升任参议的大名，按例也仅有加贺金泽城主前田氏（幕末时期的一些特例除外）。参议，用唐名（中国风的叫法）来称，谓之"宰相"。自古以来，参议这一官名凡为名时必称作"加贺宰相"，不叫"加贺参议"。参议及参议以上位列"公卿"，是尤为显贵的地位，故而在外人称呼时，便要避讳直呼其擢任参议之前的人名。不过人名主人在自署时仍旧会使用"旧名"，并不会自称"加贺宰相"。从武鉴来看，虽然记载的人名已变更为"加贺宰相殿"，然"松平加贺守"本人却仍旧会继续使用任参议之前的人名，"松平加贺守"并没有改名为"加贺宰相"。

参议以上如中纳言、大纳言，只有德川御三家（尾张、纪伊、水户）与御三卿的当主可以叙任。他们在叙任前便已身居从三位或正四位的高位，身份显贵与诸大名不可相提并论。对他们的称呼在历经水户少将、纪伊中将的时期后，就要称之为水户中纳言或尾张大纳言了。

在这些武家官位之外，将军还会赐予实力大名当主个人特别的恩典，允许其使用"松平"这一"称号"（苗字）。如肥前佐贺城主锅岛氏每代都享有这一恩典，凡当主皆以"松平肥前守"为名。不过"松平"的称号只适用于大名个人，故而就算当主已经受允使用，其嫡子个人在没有得批准的情况下还必须用原来的苗字，如"锅岛淳一郎"（图1-2）那般对外示人。

终江户一代，"锅岛家"都不曾变成过"松平家"。实力大名能以"松平"称号为名，原则上与家族无关，只是个人受将军恩典擢任高品级的格式罢了。而成为家族的先例及格式，并历代重复的，实则为整套受赐称号的手续流程。

三　仿官名及其衍生物

国名与京百官

未经"敕许"不得使用的特别人名，是谓正式官名。原则上只要不违背一定习惯与规则便能自由使用的普通人名，是谓一般通称。而在正式官名与一般通称之间的地带，还有一种仿官名。它既不像正式官名那样需要得到"敕许"，也不如一般通称那般可以随意取用。

到江户中期，正式官名的取名流程越来越正规，"敕许"成为必要条件的同时，个人随便使用其为名的行为也逐渐消失。此消彼长，对国名①或百官名这样的仿官名的使用数量却逐渐增加。仿官名形似正式官名，却又不尽相同。

深尾近江、十时摄津、岛津讚岐等人名，是谓国名；而浅野图书、秋田中务、三枝主膳之类，是谓京百官名；诸如阿部

---

①　此处的"国"指日本历史上律令制国家的地方行政区划，依面积广狭和人口、贡租多少分为大、上、中、下四等。《大宝令》时为58国3岛。后屡经变更，至平安时代初期形成66国2岛，迄幕末无变化。1868年新增11国。1877年废藩置县时全部废除。

伊织、朽木左门、土屋求马这般，是谓东百官名（表1-7）。仿官名基本就这三种。

表1-7　江户时代主要使用的百官名

京百官	弹正、中务、式部、治部、民部、兵部、刑部、大藏、宫内、大舍人、图书、缝殿、阴阳、内匠、内藏、大学、雅乐、玄藩、主税、主计、大炊、木工、主殿、典药、扫部、左马、右马、兵库、大膳、修理、左京、右京、市正、隼人、织部、正亲、内膳、造酒、采女、主水、囚狱、主马、主膳、斋宫、内记、外记、监物、大判事、勘解由、藏人、将监、左卫门、右卫门、左兵卫、右兵卫、将曹、靫负、带刀、右近、左近、主铃、府生、滝口、小舍人、大式、少式、典钥、典膳、权守、权介、大内藏（大藏的变形）
东百官	左门、右门、左治卫、右治卫、士须卫、左中、右中、左平、右平、左内、右内、文内、喜内、左膳、右膳、小膳、多宫、中记、军记、清记、相马、数马、平马、兵马、复马、藤马、行马、形马、左治马、加治马、志津摩、求马、司马、多门、宫门、波门、音门、织卫、织居、织之助、伊织、男侬、男也、男吏、要人、音人、丹宫、丹下、丹领、丹礼、丹弥、门弥、弥刑部、鹈殿、采殿、宇弥、藏主、一学、外学、弹番、将殿、典礼、典女、主弥、主尾、卫守、江漏、多仲、浪江、兔毛、久米、赖母、岩男、自然、大所化、小所化、半外、平角、矢柄、真柄、梅于、古仙、茂手木、武极、牧太、求官、正遗、信像、肥富、司书、诸领、首令、申艺、文库、远炊、此面、卫士、亘理、亘、中、斋、恰、转、蔀、多治见、能登吕、隼之助、爱之助、小源太、左源太、右源太、一间多、逸刀太、喜间太、伊集院、云林院、物集女

注：京百官中有些官名与正式官名字形相同，却通行不同的读法。如正式官名中藏人读作"kuroudo"（クロウド），在百官名中则读作"kuranndo"（クランド）。

资料来源：『新撰大日本永代節用無尽蔵』、1864；『連璧古状揃倭鑑』、1802；『書狀手習鑑』、1837；『初学古状揃万宝蔵』、1848；『文宝古状揃大成』、1859；『消息往来』、1862。

让我们先来聊一聊国名与京百官名。

播磨守、玄蕃头、上总介等官名中，如"～守""～助"的这部分叫作"下司"。它们含有"～长官""～次官"等官职

"原义"在其中，所以不好随便擅自取"播磨守""玄蕃头"这样的人名。不过只要去掉"下司"的部分，以"播磨"或者"玄蕃"取前者而代之便又可做人名使用了。譬如不能随意取"小杉内膳正"为名，改成"小杉内膳"就能避免僭越。国名也好，百官名也罢，实际上和其他人名一样，或是个人喜好，或是家族传统择而用之，鲜有人会去思索"内膳""播磨"其"原义"到底为何物。

这些仿官名主要是上级武士特有的人名选择项，被视为仅次于正式官名的高格式人名。其实是有些人没有资格可以取正式官名为名，但又需要通过这些人名来让别人知道自己地位显赫。使用者以幕臣见多是旗本，大名家臣的场合则多用在家老等要员身上。不过即使是家老，也有使用一般通称的例子，所以也不能绝对只通过人名来判断，或者想当然觉得使用国名、百官名的一定就比用一般通称的身份要高。当然，比起那些最普通的某兵卫之流，身份的高下立判自是一目了然。事实上这也是使用国名、百官名来区别身份最直接的目的。因此与力、同心这样的下级武士，还有庶民都会竭力避免使用国名、百官名这些与自己身份不符的人名——没有缘由便不会无故取用，已刻于其常识之中（因此回顾时代剧中的虚构人物町奉行所同心"中村主水"，显然取这样的人名，在当时人的观念中就是一件不符合身份的破天荒怪事）。

东百官

东百官衍生自京百官。做人名使用的时候，两者几乎没有差别，又或是格式略微逊色于京百官名使用者的取名选项（表1－7）。至于东百官的源头，江户时代有说法认为与10世纪平将门在关东所创的官职名有关。此乃附会之言、无稽之谈。事实上，东百官要到中世末期才出现。

东百官名如左膳、数马、一学等，都是模仿京百官语感的产物。也就是说，它只是似百官名般的人名，应为官名僭称的衍生物。也正因为仅是语感的模仿，所以东百官中的这些词语自诞生起就没有任何意义。表1－7列举了到江户时代后期为止衍生出的各类东百官名。它们与京百官不同，因来路颇有蹊跷之处，故亦有有识者曾认为不应被拿来做人名使用。不过一般而言，历史上它们与京百官混杂，一同为人们所用。

东百官的变形与衍生

京百官基于实在的官名而来，故其种类未有扩增，但东百官是语感上对京百官的模仿再生，所以随着时代变迁，就会根据当时的语言风格、语尾特征不断衍生出各种新的名称。

如并未被列入表1－7中的人名九十九，其发音为"tsuku-mo"（つくも），颇有赖母［tanomo（たのも）］或此面［kono-mo（このも）］的语感之趣，其名也正是由此衍生而来。另外如民弥、田宫等名出自"多宫"，它们的发音皆为"tamiya"（たみや），只是换了不同的汉字表记。另外如半弥、甚弥、为弥、金马、觉马、五十马这样的人名，都衍生自以"～弥"或"～马"结尾的人名，甚至将其归类在一般通称的"小尾巴"内都不过分。事实上到江户时代后期，"～弥"已不再具有高格式人名的属性，庶民也普遍使用。不过同一时期庶民却鲜见以"~马"为名的例子（当然也不是说完全没有）。

以武鉴所载陪臣（大名的家臣）之名来看，约在江户时代中期，如冈田贡、竹内肇这般，一字三音［如"贡"字发音为"mitsugi"（みつぎ）；"肇"字发音为"hajime"（はじめ）］的新型人名（通称）开始出现，并由此逐渐衍生出种类繁多的新人名，如新［arata（あらた）］、操［misao（みさお）］、环［tamaki（たまき）］、司［tsukasa（つかさ）］、保［tamotsu（たもつ）］、荣［sakae（さかえ）］、屯［tamuro（たむろ）］等。它们并非下一章所述"名乘""实名"，而是通称。这些新型人名在江户时代中期以前难见其影，此后也主要在陪臣群体中扩增发展。

同样不知来历，却逐渐在江户时代中期出现的人名，如将百官名要人、斋宫、亘理皆改成一字为"要""斋""亘"，又或如"亘"［watari（わたり）］变字形为"渡"［watari（わたり）］等，都是语感上模仿东百官衍生而来的产物，可说是东百官的变种。另有一些例子，如月冈谏见（幕末时期公家久世家的家臣）中的"谏见"［isami（いさみ）］二字源自一字三音名"勇"［isami（いさみ）］。"勇"字的训读①与"谏见"二字相同，所以有些人名还会发生字数上的变形。

顺带一提，幕臣特别是旗本、御家人一般不会以上述东百

---

① 汉字在日语中一般有两种读法，传自中国的汉字读音被称为"音读"，日本本土的读音被称为"训读"。

官的变种为名（他们一般会沿用古来的通称）。因此东百官的定位差不多应处于不及百官名的级别，但又略高于一般通称的位置。纵然到了江户时代后期，国名、京百官自不必说，东百官及其变种，普通百姓、町人也基本不会以其为名，是为一大特点。若农村中有名为"百姓兵部""百姓丰后"这样百官名或国名的人物，必大有来头，多是村内公认的世家百姓或神官之类。在这些集团内部，仿官名同样起着区别自己与他人、彰显高贵身份的作用。

至此，希望通过以上的梳理能大致把握仿官名的框架与脉络。除此之外的史例，会在本书第四章再做补充。

幽怨的眼神，不满的视线

江户时代，一般做人名使用的通称有正式官名、仿官名、一般通称三种，三者规格各异。"人名"具有体现使用者社会地位或职业的属性，所以这也是一个视"以名示人"为常识的时代。

另一边如"信浓守""玄藩""源右卫门"这样的人名，人们也早已遗忘其文字或官名的"原义"。就算是正式官名，也只剩下徒有其表的"叙任"手续在为这些人名的"原义"苟延一息。这样的惯例、传统、常识成就了江户时代人名的典型特质。武士也好，百姓、町人也罢，一同生活在共享这一人名常识观念的世界里。他们不会对此抱有怀疑，也不会感到任何不便。

然而在目所不及的角落里却有一群人，带着幽怨的眼神向当时这种人名常识射出不满的视线。每当提及此事，"他们"便会自言自语唠叨着"非也，非也""……本来是那样的……其实是这样的……"。但在大多数人习以为常的观念面前，"他们"只是极少数派。"他们"无论怎么努力去"拨乱反正"，在现实面前只是蚍蜉撼树。就好比在当下，用碗筷吃饭是人尽皆知的"常识"，却有人要和你掰扯，"古早往昔，人们都是直接用手而食，这才是正确的吃饭之道"。对此想必你也只能忍俊不禁回答道："古时当是如此，可今天用碗筷吃饭方符合礼数。"根本不会把对方的话当成一回事。有上述想法并付诸实施的，最多就是一小撮同好之间的自我满足罢了。就算"他们"的说辞并没有错，但这些都不过是从前的惯例与标准。眼前的现实社会早已形成并接受了与"他们"观念相左的常识。因此这些少数派想将自己的理想强加给普罗大众，不啻痴人说梦。

下一章会继续讲述江户时代与人名有关的一般常识。武家社会中有一言称作"名乘"，或曰"实名""名讳"，其后还跟着一物，多被叫作"姓"或"本姓"，两者合一构成所谓"姓名"。要是以此对着那些少数派喊"姓名并非人名"，定会招来"他们"的怒火。不过无论"他们"如何歇斯底里，事实便是事实，不会因此改变。

第二章

姓名非"人名"也

『文章古状揃大成』、1859。

一　名乘書判的常识

图 2-1　大名武鉴中的"名乘"
资料来源:『天保武鑑』、1831、日本国立国会図書館藏。

何谓"名乘"

武鉴是江户时代发行于市面的大名、幕臣名册,主要分成略武鉴和大武鉴两类。略武鉴往往以《袖珍武鉴》《袖玉武鉴》

这样的书名为题，似当下文库本，每年都会出版，更新相关信息。算得上是口袋本大小的实用日常生活品（一本差不多150页，图1-2即略武鉴所载大名的例子）。大武鉴则记载了更为详细的信息，通常四册一套，合计可达1000页。图2-1为天保二年刊《天保武鉴》77万石大大名萨摩鹿儿岛城主松平大隅守条目（其苗字为岛津，获允可使用松平称号）。

让我们来仔细看下这条。在略武鉴中只记载了"松平大隅守"，而在大武鉴的条目里却写成了"松平大隅守齐兴"。大武鉴在其"人名"后多了"齐兴"的信息。其他的大名同样被记录为土井大炊头利位、青山下野守忠裕等。"齐兴""利位""忠裕"在江户时代的武家或普罗大众中间被称作"名乘"。现代社会里"忠裕"毫无疑问就是人"名"，但江户时代没人会在"人名"后接上"名乘"对外自称，故而像"吾乃青山下野守忠裕"这样的话是绝对不会听到的，也没人会在这一串文字里选择"忠裕"为名对其称呼。

大名或旗本写信需要署名时，若对象是亲近之人，只要以通称落款即可，如"下野守"或"助三郎"。正式一点的，一般也只要加上苗字就能做全称来用，如"青山下野守""井泽助三郎"。其他人也只会以此作为"人名"来称呼其人。这便是江户时代武家和普罗大众的常识。

"名乘"就其"原义"，还有"实名""名""讳"这样的叫法。"实名"在现代日语中表本名、真名，是一个相对于假名或艺名之类的概念，但这里说的"实名"和现代日语中的完全不同。我们一定要留意江户时代的"实名"并非现代人语感中所谓"实际的人名"。大武鉴之所以要在"人名"后面续上"名乘",将后者也划入人名的范畴,实与名乘的"原义"有关。不过这一"原义"随时代变化,早与一般的人名常识相悖,到江户时代发展出了非常独特的使用方法。

综上,"人名是人名,名乘是名乘"。虽说仍属人名的范畴,但"名乘"既不用在日常生活中,也不具备一般"人名"的功能。"人名"与"名乘"虽曾共存于世,却有着完全不同的用途。

何时、何地使用名乘

图 2-2 是曾任老中等职的大名松平右近将监寄给堀大和守(信州饭田城主)的书状①。因为是非常郑重的书面信件,寄件人不但要署名,还要加上自己的签名。这一签名便叫作"名乘书判"。"书判"又作"花押",意为本人的亲笔签名。

图 2-2 中的名乘是"武元"二字,位置在"人名"——"松平右近将监"的左下处。"武元"为名乘,其下便是书判。武家或社会大众一般不会单独使用名乘,基本都和书判一起出现,以较小字形写在书判上面。江户时代能用到名乘的机会几乎仅限前述那般郑重的书面场合了。平日里纵然再了解对方的人名叫井上越中守或井泽胜之助,但一般互相之间很少会知道各自的名乘。

庶民也能决定自己的名乘书判,设计一个时髦的签名。然

---

① 类似中文中的书信、信件,但在形式上略有不同。

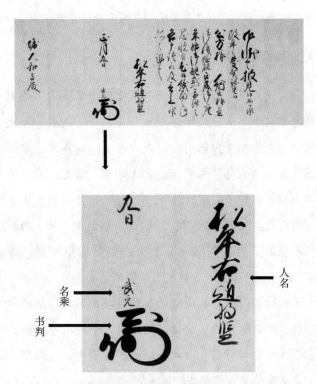

图 2 – 2　书状中的名乘书判

说明：以该文献来看，书状上只写了收件人堀大和守和寄件人的人名，并没有写收件人的名乘。

资料来源：松平武元书状，早稻田大学图书馆藏。

而除了那些非常富裕的町人，鲜有庶民能够和武士来往，故而我们现在很难见到庶民写有名乘书判的书面文件。

最后再赘言一二。当时的武家也好，普罗大众也罢，是绝对不会自报名乘，做出"诸位，吾乃武元也"般的发言，闻者亦不会顺势回道"武元阁下"。在当时人的常识中，名乘不被当成人名来使用。这与"以名乘称呼他人颇为失礼"的想法也毫无瓜葛。因为在用途上，"人名"和名乘完全就是两码事。

无人知晓的名乘

江户时代武家与普罗大众的名乘实际上就是名乘书判——这种特殊签名中一部分的字体变形。名乘与"人名"不同，不需要被登记在相当于户籍的宗门人别帐上。就连武士原则上亦无须将名乘如"人名"那样正式向上申报、登记。幕臣的个人简历在当时被称作"明细短册"（明细单），正式向上申报时会详细写明自己、父亲、祖父的"人名"，自己的年龄、履历等信息，但不会加上自己的名乘。上头收到明细短册后，确认完"人名"即可，不会去一一核实申报者的名乘。

大名和旗本因要在官位叙任等场合使用名乘，故必须为此设计一番。但名乘并非日常必需的信息，平时既不自称，他人也不会以此来称呼自己。因此在略武鉴等书中，名乘作为鲜有价值的非必要信息直接被省略掉了。

武家的话，名乘的设计和选定最迟要在元服之前完成。一般而言，比较普遍的做法是在元服时敲定名乘（文化六年刊《小笠原诸礼大全》）。实际的情况却是，有不去搞名乘的，也有弄好了名乘，结果因为长期不用最后忘了读法的，更有甚者人死后，其子孙只知父祖之"人名"却不知其名乘。因此，当我们翻看大名、旗本的官方家谱《宽政重修诸家谱》时，"人名"与履历写得清清楚楚，但一到名乘处便多有含糊，不少下级旗本就只用了一个"某"字便对付过去。

名乘与归纳字

按惯例，名乘通常由两个汉字组成。其中上面的字被称作
"父字"，下面的字为"母字"。如"武元"，武为父字，元为
母字（这里所谓的父字、母字与父母之名无关）。通常名乘从
父字、母字中任选一字，代代相传，被选出的那个字叫作
"通字"。

图2-3 长谷川平藏的名乘

譬如前文所述三位"长谷川平藏"，其名乘分别为宣雄、
宣以、宣义，故而其通字取的是父字"宣"（图2-3）。顺便
提一句，宣雄之前的先祖名乘也一样，依次为宣次、宣元、宣
重、宣就、宣安和宣尹（包括养子在内）。以通字代际相传，
这便是江户时代典型的名乘设计方式。当然也有例外，一些家
族古来只用单字做名乘，如栋、政、清、致等，是为一字名
乘。不过普遍而言，名乘仍以二字构成，此二字又被称为
"名乘字"，且按理两者其一定为通字。那么名乘中另一字又

如何选定呢？这便与江户时代非常流行的反切、归纳之法密切相关。

反切，又作反语，其义为"用两个汉字之音为另一个汉字注音"（《贞丈杂记》等）。譬如"贞丈"二字，以其汉字音作反切推导出新字之音后，再以该音选出"丈"字做名乘中的另一字。这里的"丈"字被称为"归纳字"。因涉及福祸凶吉之说，故而人们都会遴选带有吉兆的归纳字来做名乘。反切借助的是中国古代汉字音，需要参考12世纪南宋《韵镜》等基础文献。而要参透这些书物，就必须具备音韵学的专业知识。放在当时，对普通人而言谈何容易。

名乘的设计还要加入五行思想。按生辰八字，人分五性，是为木性、火性、土性、金性、水性。人们应按照自己所属之性，选取适宜的名乘字。选出的名乘字再依据笔画来测字算卦，占卜吉凶。顺便提一句，当时人在决定一般通称中的名头时也会运用五行思想。

书判的设计与选定

江户时代最流行的书判设计便是名乘归纳字的草书体。当时已出版发行，有关名乘书判设计的书有《印判秘诀集》（宽保三年刊）或《韵镜反切名判集成》（文政五年刊）等。在这些书中，记载了书判设计与选定的相关例子。如名乘为"路贤"，就会推荐归纳字"连"；"为知"的话归纳字便举"移"字（图2-4）。书判的设计颇为复杂，并非简单的草书归纳字，里面不

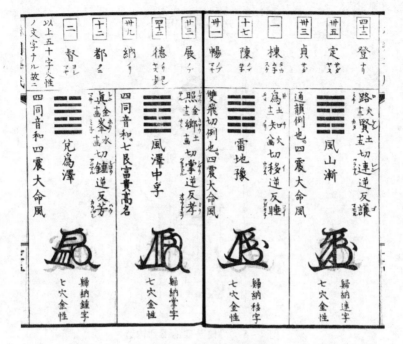

图 2-4　名乘与书判

资料来源：『韵镜反切名判集成』、1822。

仅涉及所谓主宰一生运势的"七点"之说①，还要适当巧妙地规划归纳字中的"穴"②数。因此待到成品时，原本的汉字早已变得面目全非（图 2-5）。

　　原则上名乘也好，书判也罢，都由个人自主决定。然而人名与运势占算相连，谁越介意此事便越容易深以为然，而要勘

① 分别为第一"命运点"、第二"敬爱点"、第三"福德点"、第四"住所点"、第五"智慧点"、第六"眷属点"、第七"降魔点"。在江户时代，与五行思想被统称为"五位七点"之说。

② 即书判中归纳字的字中留白处。如图 2-4 所示"连""移""掌""钟"四个归纳字都标有"七穴"，即其书判字的造型中有 7 处留白。

53

图 2 – 5　"信"字的书判构造

说明：上半部分所示即为七点。

资料来源：『印判秘决集』、1743。

破这里面的门道就必须具备相关的专业知识。因此当时普遍的做法便是委托精通音韵学或算命、观相的人士来设计与选定名乘书判（图 2 –6）。

　　在《印判秘诀集》或《韵镜反切名判集成》中，还详细说明了设计、选定好名乘书判后交付他人的具体书面格式。江户时代以降，盛行此般反切、归纳之法，却也常常能听到谓之以"迷信"的非难之声。正因为有着这样的非议，反而印证了前者的一时风靡。

　　不过以实际的名乘书判之例来看，不以归纳字，直接草书母

图 2-6　由专业人士设计和选定的名乘

说明：文政十三年（1830），观相家石龙子法眼（相荣）寄给旗本长井龙太郎的折纸[①]。该文献中，观相家为旗本选定了"昌大"为名乘。

资料来源：早稻田大学图书馆藏。

字为名乘的情况也常见，如"贞义"为名乘，辄取"义"字草书体来做书判。同时，这种情况下一般会只取名乘的父字"贞"字写在书判上（即名乘与书判组合后写成"贞义"）。因为并不是所有人都会去考虑反切与归纳，迷信与否，因人而异。

此外还有所谓"偏讳"，即从显贵之处受赐其名乘中一字。譬如图 2-1，岛津家历代当主的名乘，如光久、纲贵、宗信、重豪、齐彬等，皆是得德川将军家光、家纲、吉宗、家重、家齐恩典，受赐将军名乘一字而来。各大名也会将自己名乘中的一字赏赐给家臣。对下位者而言，上位者下赐偏讳是极为荣耀的恩赐，故而会非常珍视此字。这时候便不会再去考虑反切、归纳等的凶吉祸福了（也没法再考虑那么多了）。

虽谓书判

顺带一提，古时一般将书判称作草名，原指以草体自署诸

---

① 　日本历史上用以记载目录、正式公文的折叠纸。

如"道长"或"良房"这样的名乘（实名）。因此原本名乘即指书判，但在江户时代的武家及普罗大众的常识观念中被一分为二了。

书判又如其义所示，是本人的亲笔签名，所以江户时代中期以降，开始流行使用刻有书判的印章。攸关运势凶吉的书判形状复杂，亲笔勾画时难保每次都能完美再现。大名的话，随着固定格式书状处理量的不断增加，一一亲自画押也不现实。因此逐渐将书判雕刻成印章来使用，继而这一方法便如星火燎原般开始风靡于世（一般大名不会亲自书写书状，多由祐笔代笔）。

不过因手写书判的规矩仍在，故而保留了书判按印后再用笔墨勾描的习惯。因此比较多的做法是在刻印时只雕刻书判的字符外形，按印后再用墨涂满书判的空白处。大名之类的往往会将这一填空作业交给家臣，同时让其留出如牙签尖般的空白，再由大名自己将其点满。图2-2中松平右近将监的书判就来自只刻了书判外侧线的印章。从该图看难以分辨，但若仔细查看原图，还是能发现印章外围与笔墨涂抹的不同层次。

"明明叫作花押，却以印章代之，岂不怪哉"——没错，正是此理。不过书判的"原义"在这里并不与江户时代的常识吻合。在明治新政府受"书判却不书写"的"正论"影响，于明治元年十一月二十八日向各诸侯颁布禁令通告之前，大名书判即印章书判是江户时代司空见惯的基本认识。江户时代的认知既不遵从各种概念之"原义"，又与其前后时代的观念相左，凑成了那个时代独有的人名常识。期望读者能牢记此点。

名乘与印信

对普通百姓、町人来说，自无须名乘书判，但要说他们从未设计与选定过这一非必需品，那又是另一码事了。江户时代，对公的书面文件上必须附有印信。现代社会将其称作印章、印鉴，而在江户时代一般叫作印、印形（信）、印判、判等（现代日语中的"印鉴"一词在江户时代仅指印章图形的样本）。

像证文这样的书面文件，就和现在由电脑制作的文档一样，从内容到寄件人、收件人都出自利益相关者或专业的文书工作者之手。因此就算自己亲笔手书全文，还须在自己的人名下面按印盖章。也只有完成了这一步骤，手中的文书才能生效。印信在江户时代不仅受到重视，更被广泛运用在社会的方方面面。因此文件上即使有亲笔签名，但若无印信，日后也不具任何信用。

武士的话，虽然名乘书判才是最正式的签名，但日常中仍会使用印信。江户时代的印章与现在相比大致有两大不同：一是只有黑印（即用黑色印泥）而不见朱印；二是印章的印文绝不会使用苗字或通称。印文中字体多为篆书，常常难以辨读。当然，在刻印时人们也几乎不会去考虑别人是否能够识读印文。

武士的印信往往以名乘刻之（图2-7）。而百姓、町人使用的印信则多见"宝""福""龟"这样带有好彩头的吉祥字。另外如"忠重""光富"这样以名乘来做印信的例子也非常常见（图2-8）。只不过百姓的话，好比历代沿袭"吉兵卫"为名一样，也有继承先祖之印的袭印惯例，但在这种情况下，印上的文字就不好断言一定是个人的名乘了。譬如经调查发现，图2-8中天保十三年越后木落村百姓孙兵卫所用之印"光富"，到下一代孙兵卫（前代孙兵卫之子，幼名门太郎）活跃时的庆应二年仍能见到其身影。当然，也有每代重新刻印换印文的例子，无法一言以概之。

图 2-7　武士的名乘与印信

说明：左边的川口茂右卫门的印文为"资淳"，中间的荻野丈左卫门的印文为"敬言"。

资料来源：『戊年免定』、1766。

从名乘被用作签名及印文的史实可以看出，名乘"原义"残留的历史痕迹。只是此时的名乘在用途和功能上已经与一般的人名完全不同了。这是江户时代才形成的基本常识。

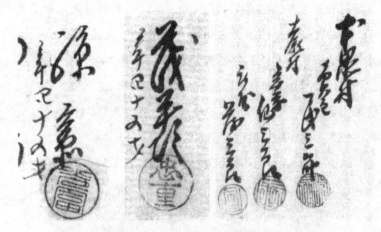

图 2-8　百姓、町人的名乘与印信

说明：中图茂名次的印文为楷体的"忠重"，左图孙兵卫之印文为"光富"，右图右边本泉村卖主民三郎的印文为"常明"。

资料来源：『越後国魚沼郡木落村浄土真宗人别宗門御改帳』、1842；『永代売渡申田山林之事』、1858。

二　本姓与苗字

所谓本姓

大名和旗本的世界中还有另一套称谓体系，叫作"本姓"（姓）。本姓的"原义"会在下一章详细展开，这里先简单梳理下江户时代与其有关的基本情况。

以前述大名武鉴为例，岛津家历代当主的家谱按源义久、义弘、家久等形式呈现（图 2-1）。另外在略武鉴中，各大名的人名先以苗字登场，如"锅岛"为锅岛家的苗字，但在苗字之下还写着三个小字"藤原姓"（图1-2）。大名等武家除了苗字，还要特别选定本姓，以明示自己的家族到底是源氏子孙，还是藤原氏的后代。武家及普罗大众一般将"源"或"藤原"称作本姓。本姓被写在名乘之上，两者一同构成"姓名"一词。譬如人名叫"松平大隅守"，名乘为"齐兴"，本姓为"源"，那么松平大隅守的"姓名"便是源齐兴。

然而"姓名"与日常生活中的"人名"不同，不做人名使用，仅仅是制度上需要它存在。这样看来，"姓名"就显得毫无意义，但对于人名是正式官名的大名及一部分旗本来说，选定"姓名"是他们一生至少必须承担一次的工作（详见本书第三章）。

而身份较低的武士或庶民不仅鲜有机会使用本姓，甚至都无须选定本姓。不过和名乘书判一样，所有人都可以随意设计和选定。例如町人盐屋吉兵卫不但给自己搞了一个"重孝"的名乘，还打造了一个历代源氏的人设。在他的个人物件中，如其藏书的封底就能看到"源重孝"的签名。如此这般，对本姓颇有趣味的操作方法其实全凭个人喜好，也无人会诟病，只要你喜欢就能任意使用。不过若盐屋吉兵卫为了贷款，在起草借用证文时自署"源重孝"并配上一个华丽的书判，不但借贷人不会受理此借条，还要带着怒意不客气地说道："你不是叫盐屋吉兵么？那就写自己的人名，然后再盖章！""姓名"根本没法做"人名"来使用，不具备"人名"的功能。

苗字公称

苗字在江户时代一般写作"苗字""苗氏""名字"之类，

叫法上还将其称作"姓"或"氏",颇为混乱。汉字相似概念古今交杂,千万不能混淆。如本姓和苗字,前者与名乘搭档,而苗字却只和下边的人名,即与通称共同组合成"人名"。本姓和苗字两者在用途上也完全不同。

从武士到庶民都有苗字,不过武士会将苗字和通称一起组合成"人名"来使用,不仅自称也供他人来称呼。庶民的话却只以通称为名,往往使用"人名"时只有通称,没有苗字。庶民需要自报家门时,多会加上所属村、町之名,或添上诸如"百姓""大工"① "庄屋"② 等头衔,如"某某町孙三郎店善藏""某某村百姓武右卫门""大工次郎作""庄屋清兵卫"之类。买卖人的话就会加上自己的商号,自称"山崎屋忠兵卫"等。倒不是说他们世世代代没有苗字,其实就和名乘一样,有是有的,不用罢了。

江户时代有个词叫"苗字御免③"。如其字面意思所示,就是统治者特许庶民苗字公称。它不仅仅是颇具荣耀的恩典,更起着彰显受赐人身份与社会地位的作用。不过千万要注意,不能误解了此处公称的真正含义。

所谓苗字公称,简单而言即"与差役和官府打交道时,可以用苗字自称,或者在书面文件署名时使用苗字"。而公称则因为需要统治者特许,所以又代表了一种特殊的荣誉象征。不过

---

① 木匠。
② 相当于村长。此为关西的说法,关东称作"名主",北陆、奥羽则叫作"肝煎"。
③ "御免"有许可、允许之意。

虽然都叫作苗字御免，事实上却只有幕府特许的苗字御免才能全国通行。而大名、旗本等领主私人赏允的苗字御免，却不适用于该受赐者用在代表幕府权力的场所，如奉行所等地。不同层级统治者的公私之别、上下之分左右了苗字公称可使用的范围。譬如百姓太郎兵卫，即使受统治自己村落的大名或旗本所赐，获允苗字公称"铃木太郎兵卫"，但若去幕府权威所在的评定所处理事务时，评定所方面仍会记录"百姓太郎兵卫"，绝对不会为其添上苗字。原则上，苗字公称的使用范围仅限于特许其使用统治者所管辖的区域。

另外还有一些庶民，因其身负"御用"（公务），也可以在一定条件下获允使用苗字公称。例如江户佐柄木町的名主弥太郎曾担任幕府"御细工头"的"御用"之务。但凡执行公务，他都可以加上苗字，以"佐柄木弥太郎"公称。不过一旦他回到了自己町名主的身份时，便不能再用苗字公称了。因此，若与细工头的"御用"之务无关，仅仅作为町奉行统治下的町名主现身，便无法使用苗字公称，只能以"弥太郎"示人。他必须根据不同的场合在苗字有无中适时切换。可见，苗字公称虽来自苗字御免，其内涵却远远要比这简简单单的四个字来得复杂。

苗字私称

就算没有苗字御免，庶民在私人领域仍可使用苗字。只要不涉及苗字公称，统治者便不会对其加以限制。如在江户时代的借用证文等材料中可以看到百姓的人名常有带苗字一起出现的例子。不过，附有苗字的人名常常只出现在收件人处，寄件人处则难见其踪影。对普通百姓而言，苗字并不用来自称，往往是他人用来称呼自己。

江户时代后期，伯耆国河本郡本泉村有一位大庄屋叫山崎千藏。其所在领地的衙门皆称其为"山崎千藏殿"[①]，他自己向官府出具的书面文件上也会署名"山崎千藏"。因此他应是拥有苗字御免特权的百姓。然而当他本人作为村中百姓时，在村内部的证文类材料里的自署却是"本泉村千藏"。可知在私人往来时，他并不会使用苗字。因此要不要使用苗字，受其是否在行大庄屋的"御用"之务来定，实际上仍然要根据场合来做相应调整。然而当山崎千藏出现在收件人的位置时，从其他百姓寄给他的土地买卖证文可以看到（当然这些都属于私人的民事业务），村里或近邻的百姓在称呼他时不仅有"千藏殿""当村千藏殿""村之千藏殿""本泉村千藏殿"等写法，其中还混杂着如"山崎千藏殿"这样附上苗字的实例，且占比不低。

像这样在称呼他人时要不要加上苗字其实也无法可依、无例可循，全赖证文起草者的个人判断。似乎大多与"加上苗字才够礼貌""这样看上去才对对方尊敬"之类的观点有关。让我们再稍微看些其他的例子来一探其究竟。

武右卫门并不会在意

美浓国惠那郡千旦林村由辻原、中新井、岩宿等一干村落组成。辻原有一百姓叫武右卫门，苗字"荻野"，曾任庄屋。当

---

① "~殿"，日语中该字在正式场合或书信中接于对方的人名后表示敬称。

地保存了许多同村落及近邻百姓寄给他的证文，如与金钱、米粮有关的借用证文，与土地有关的买卖证文等。在这些史料中，收件人武右卫门或被写成"武右卫门殿"，又或是"辻原武右卫门""辻原荻野武右卫门殿"等。纵然是内容雷同的证文，寄件人的写法也会因证文起草者不同，称呼形形色色。

因武右卫门是辻原百姓，故而寄信人来自其他村落的，在写收件人时给武右卫门加上"辻原"尚可理解。然而无论是不是来自同一村落的寄件人，给他加上"荻野"这一苗字，看起来就没有什么特别的理由了。

在这些史料中，有一份证文值得玩味。文化十三年十二月，同村中来自中新井的传藏向辻原的庄屋孙兵卫、武右卫门（孙兵卫似系武右卫门的父亲）借米八斗，留下一份证文。传藏在写了收件人"辻原　孙兵卫样　武右卫门样①"后，还在武右卫门的左上角写了"御苗氏失念"几字（图2-9）。这句话的意思是，"我把您几位的苗字给忘了"。寄件人在这里特地写了一笔，当然是为了表达他的遗憾和歉意。其实从别的证文来看，收件人只写"辻原　孙兵卫大人　武右卫门大人"完全没有问题。而传藏——这位证文起草者估计想的是不写苗字很没礼貌，但实在是想不起来了，只好故意写一句"御苗氏失念"。至少通过此例我们可以一窥证文起草者的确会有不写苗字便是失礼的观念。那么，与之相对的武右卫门又是怎么想的呢？

弘化三年（1846），同样来自中新井的伊太郎向武右卫门借

---

① 在日语中，"样"字接在人名或表示人的名词后表示尊称。

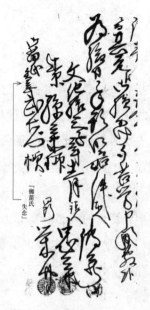

图 2－9 中新井传藏的借米证文（后半部分）

说明：基本上看不到这样特别手书一笔的例子。

资料来源：『借用申米之事』、文化十三年十二月。

钱一分二朱①，并递交了证文。然而这份证书的寄件人却写的是"荻野武兵卫殿"。好嘛，伊太郎的确是非常有礼貌地加上了苗字，却把最要紧的人名给写错了。不过这份证文直至今日都被好好地保存在武右卫门家中，看来武右卫门当时对此也没有太在意，应是直接就收下了。

从上述例子可知，武右卫门大概率不会要求别人加或不加自己的苗字。对武右卫门而言，寄件人加不加苗字并无所谓，多添一句"把您苗字给忘了"，甚至是把他的人名都写错了，他

---

① 分为两的 1/4，朱为两的 1/16。

也不会在意。

通称与苗字的关系

仅从前述村落古文书来看，百姓并不把苗字当成人名的一部分，也不必每次书写都将其加上。他们似乎也不会觉得苗字就是自己人名不可或缺的组成部分。当现代人看到江户时代庶民的人名，总会在意"这个没写苗字"或"那个写了苗字"；看到"权兵卫"或"太郎右卫门"，也一定会觉得这样的人名少了苗字，就不能算是真正的人名。实际上会有这些想法，是因为活在当下的人们从现在的基本常识出发去看过去的问题，才会觉得人名必须得是"氏＋名"的组合。这其实是由近代以降"氏名"常识所塑造的观念。

实际上对江户时代的百姓来说，与打出生起就接受"氏名"常识的现代人不同，他们从来就没有意识到"苗字＋通称"的形式是人名必然的形态。在江户时代，只以通称为名绰绰有余。就如紧跟着"院号"的"戒名"一般，苗字也仅是点缀，并非必要元素。

江户时代与近代以降的时代，在对苗字的认识及用途上，实有着巨大的文化断裂。

村内秩序与苗字

当我们关注近代"氏名"诞生前苗字历史的同时，也须回顾一下当时与近代迥然不同的社会背景。

早在中世的农村社会中，我们已经能看到百姓使用苗字的痕迹了。苗字是居住在相同地域，或同村中某一族群所共享的称号。进入江户时代后，苗字与寺庙、神社等祭祀及信仰活动紧密关联，成为管理农村内部秩序的关键要素。江户时代，领主等统治者一般将治下村中百姓统称为"某村百姓"，进行趋同管理。然而实际上农村社会由形形色色的家族或集团构成。与统治者的管理无关，它们内部会按照一定的位次关系井然有序地生活在一起。譬如有村落在草创时期就有世家与新门第之分，还有同族内部或祭祀集团的宗派之别、宗教集会时的座次顺序等。农村社会的内部关系极其复杂，要在当时找到一个没有上下之别、人人"平等"的村落，不啻煎水作冰。本来江户时代就没有所谓"平等"这样的美德，相反那些"不平等"的秩序才是维系农村社会稳定发展的重要因素。

山城国乙训郡石见上里村有一自战国时代起就存在的豪族。族人共同享有苗字"小野"，谓之"小野一同"。不过纵是这般豪族，在涉及私人社会活动的证文等材料中，也未见他们自署苗字。显然，小野一族并不对外明示其苗字。天明三年（1783）七月发生了一件事。时任石见上里村庄屋元右卫门（小野元右卫门）向同村百姓藤左卫门等人发难，起因是在向神社敬奉的绘马①上，后者落款自署时都加上了苗字，如"斋藤藤左卫门"那般。元右卫门对此极为不满，斥责"（尔等众人）毫无缘由，却擅自写上姓名②借以抬高身价，甚是无礼，难以言

---

① 为了许愿或还愿而向神社、寺庙献纳的绘有马图案的木牌。
② 此处"姓名"指"苗字＋通称"的形式。

表"，并勒令他们删除绘马上的苗字。

元右卫门其家族世袭庄屋一职，不过他本人日后遭到处分被流放至外村。上述史料向我们展现了他为人傲慢的一面。而在这段逸闻背后，有着农村内部旧有世家与新兴势力互相对立的历史背景。新兴势力拥有苗字并不会招来反对之声，有没有苗字本无所谓，甚至在当时也是一件司空见惯的事。然而"毫无缘由，却擅自写上姓名"，即故意向他人明示附有苗字的人名，被元右卫门视作破坏村内旧有秩序的捣乱之举。

江户时代苗字的私称（私人生活领域使用苗字）与农村秩序密切相关。有些农村就是直接靠着是否使用苗字，来区分世袭罔替管理农村事务的特定世家与其他一般百姓，并以此身份之别来构筑村内的运行秩序。当然地域有异，苗字的用途也不尽相同，很难一言以概之。这种农村中的苗字自称不仅与现代的"氏名"迥然不同，也和受赐自江户时代统治者的"苗字御免"大相径庭，值得深入分析。目前相关研究仍然十分匮乏。仅从证文等史料来看，总体上庶民并不会一一向别人明示自己的苗字。苗字对庶民而言更类似于现代社会各家所有的"家纹"——创自先祖，代代相传，不被正式登记在册，但庶民的所属集体或其社会关系都知晓。庶民在使用苗字时往往也不用来自称，而是加在人名之前称呼他人以表敬意。因此，江户时代苗字与现代"氏名"中的"氏"，两者背后所包含的常识观念有着云泥之别，完全是两个不同的事物。近代以降，江户时代人们对苗字的认识又出于何种原因转变成了一种"人名的必须要素"，通读本书后相信你能找到答案。

一般的人名常识

"人名"即通称，或苗字＋通称的形式，在江户时代发挥着实质上人名的作用。此外还有"姓名"（本姓与名乘）一词，但其与"人名"完全不同。以武家与普罗大众对两者的认识为例，"人名"与"姓名"的关系可总结如下。

"人名"的优先级最高，也是人名的主体。在这基础之上，人们会设计、选定名乘配合"人名"来使用。而"本姓"作为名乘的修饰成分与其一同构成"姓名"（本姓＋名乘）。因此"人名"最重要，"姓名"次之，后者只能算是从属于前者的补充部分。在日常生活中，"人名"是最基本的要件，无人不有。既用来自称，别人也以此称呼自己。而"姓名"却并非必需品，日常生活鲜能用到，甚至终其一生不去设计、选用都没有关系。故而在江户时代的武家和普罗大众脑海里，"姓名是个啥人名，只有'人名'才作数呐"——是最一般的人名常识。

不过，也有一群人对此抱有疑义。"他们"就是本书第一章最后提到的少数派，主要是那些依附于京都朝廷的公家。他们与当时的社会大众不同，拘泥于古早的观念，认为自己所坚持的人名常识出自其"原义"，故而最为正确。也就是说，江户时代还存在着一种来自公家的人名常识。就让我们在下一章中一窥朝廷或公家社会的人名常识。"他们"口中咕哝着这样的台词："'人名'根本算不上，只有姓名才是人名呐。"与当时一般的人名常识风马牛不相及。

『京之水』、寛政三年刊。

第三章

流连于古代的常识

一　朝廷官位与"人名"

朝廷社会的"人名"

位于京都的朝廷，虽只隅于弹丸之地，却有许多人将正式官名当作"人名"在使用，这便是我们常说的公家。常见的人名如一条左大臣、久我大纳言、小仓左少将、七条三位、唐桥式部大辅、竹内肥后权介等。另外一些品级较低的公家，一般被称为"地下"①。他们的人名则多见入江骏河守、森岛因幡介、近藤式部权少辅、村上右兵卫大尉、山本中务少录等。拥有这些人名的公家皆已叙位任官，故而便将正式官名当作世间一般的"人名"来使用。官名即是他们"下边的人名"，也具有彰显其社会地位的作用。就此两点而言，倒是与前述武家及普罗大众的一般常识颇为相近。

然而朝廷所采用的正式官名，其种类较之武家要纷繁复杂得多，而且还会因为"转任"等原因频繁变更。而他们关于"人名"及姓名的观念，更是与世间的一般常识南辕北辙。

朝廷与一般社会的常识，两者迥异却共存于世。这一史实

---

① 此处指古代日本不准上清凉殿的身份卑微之人，广义上也指不准上殿的四五品官吏。"地下"与"殿上""堂上"相对。

也为明治初年围绕人名所发生的种种混乱和闹剧埋下了伏笔。就让我们在本章中一睹朝廷或曰公家人名常识的风采吧。

略为古板？

以天皇为顶点的朝廷社会，有一些以古代做法为标准的传统。

譬如一条、小仓、森岛等，形似苗字，就事实上的用途而言也和苗字同出一源，但朝廷社会绝对不会将它们称为苗字，而是叫作"称号"（它和现在我们说的称号完全是两码事）。其本义暂且不论，在江户时代的史料中有说明，"谓之称号，九条、二条、一条、鹰司等家号也。武家将其称作苗字，公家则自古唤作称号"［享保三年（1718）刊《官职知要》］。

同样的事物，武家社会习惯将其称为苗字，可到了朝廷这边却只肯叫作称号。从这个例子来看，我们不能简单地认为朝廷在人名称呼上略为古板，不肯变通。实际上它所反映的，是朝廷一直以来对某些问题"正本清源"的执着态度。而要洞察这种朝廷的常识，我们先要回到问题的源头——对那些被当成人名在使用的官位有个大致的了解。

江户时代的朝廷位阶

江户时代，京都朝廷的诸臣之间，有摄家、堂上、地下等不同家格之别。摄家（又作五摄家、摄关家）是当时朝廷的统辖者，共有五家（近卫、九条、二条、一条、鹰司），轮流就任摄政、关白等要职。比起其他公家（堂上），摄家的家格至高无上。如今往往将摄家与堂上统称为堂上家（即谓公家）。为求简明易懂，后文也只分堂上和地下两类叙述。

江户时代，堂上与地下两类家格原则上不会变动。它们各自涉及的叙位范围，即可叙位阶的起始至最末都有着明显的区别。位阶本是朝廷赐予官吏的等级，以示其在官吏序列中的顺位。在江户时代，授予位阶更多被用来表明身份的勋贵排位（受赐位阶即谓叙位）。

位阶创自平安时代，从正一位至少初位下，共有 30 阶（表 3－1）。其中正一位没有在世之人叙位的先例，因此从一位便是江户时代实质上的最高位。从正四位开始，后面的位阶还有如正四位上、正四位下这样的上下之分。此外，因为只有在神阶（朝廷封给诸神的位阶）的场合"正"字才读成日语中的清音"shou"（ショウ），所以人之位阶中的"正"字必以浊音"jou"（ジョウ）诵之，是为古例（《贞丈杂记》、保永元年刊《职原钞参考》等，如今"正"字一般读成清音）。

随着朝廷势力的式微，到中世末期，六位上以下的位阶便不再行叙位（文化二年刊《冠位通考》）。江户时代中期以降恢复了七位的叙位后，基本上叙位的范围被维持在从一位到正七位下（不过也有例外，如江户中期以降出现了从七位上、从七位下的叙位；幕末时期还短暂恢复了从八位上、从八位下的叙位）。顺带一提，与皇族（亲王、宫门迹①）相关的叙位，此"位"不称位阶，而叫"品位"。僧侣那边也有类似位阶的品级之分，他们从朝廷受赐僧位，分为法桥、法印、法眼三段。

---

① 特指法亲王、入道亲王出家或担任住持的寺院。

表 3－1　江户时代朝廷位阶概览

	位阶	家格
1	正一位	
2	从一位	
3	正二位	
4	从二位	
5	正三位	
6	从三位	
7	正四位上	
8	正四位下	堂上
9	从四位上	
10	从四位下	
11	正五位上	
12	正五位下	
13	从五位上	
14	从五位下	
15	正六位上	地下
16	正六位下	
17	从六位上	
18	从六位下	
19	正七位上	
20	正七位下	
21	从七位上	
22	从七位下	
23	（正八位上）	
24	（正八位下）	
25	从八位上	
26	从八位下	

	位阶	家格
27	（大初位上）	
28	（大初位下）	
29	（少初位上）	
30	（少初位下）	

注：括号内的位阶在近世不做叙位。地下家有诸大夫、侍（并官人）、下官人之别，本书篇幅有限，就此省略。地下家中从三位、从七位及从八位的叙位案例后文会有详述。

无法逾越的界线

在位阶序列中，存在好几条重要的分隔线。第一，以五位（一般划在从五位下）为界上下区分，五位及五位以上的叙位称作"叙爵"。第二，四位与五位之间也有一条难以逾越的鸿沟，如四位及四位以上，其名便可附有敬称（即后文所述名乘朝臣）。而从三位及三位以上称作"公卿"，拥有四位及其以下位阶者无法匹敌的地位。不过也有少数例外，如就任参议（后文详述）后，虽位列四位，也被归于"公卿"之列。

特别是三位及三位以上者，便可以加上称号做人名（称号＋位阶）使用，如"三室户三位""富小路二位"等。这些人名不但可以被他人用来称呼自己，也可以和正式官名一样，将"三位""二位"这样的位阶做自己人名使用。无官职的五位堂上者则以"大夫"为名，当然也能加上称号，如"爱宕大夫""柳原大夫"。

江户时代朝廷的位阶以每家的家格为准绳，叙位者最初可受赐的位阶（初位、初叙）到最后可以擢升至的最高位阶（极位）几乎固定不变。堂上家出身之人必定终能位列公卿——孩提时先叙爵五位，最终升至二位或一位。最初与最终可以受赐的位阶，主要还是取决于家格的高低和相应的年龄。

而地下家出身之人原则上不可能跃居公卿。他们最初受赐的位阶多只是六位或七位。以六位为起点者，大多到五位止步，能擢升至四位的也只有少数几个显赫门第才能做到（也有例外，偶有几家可在晚年擢升至从三位）。而初叙为七位者，差不多生涯终点也只能驻步于六位，五位都难以企及。

朝廷的官名

朝廷一般会根据堂上、地下家格相应的位阶授任官职。因此，人们也常常会把官名与称号相连做人名使用。如"森岛因幡介"，"森岛"是称号，"因幡介"则为官名。

官名，即平安时代职员令所定官制中的官职名称。不过中世末期，朝廷基本丧失了统治力，官制亦形同虚设，起不了任何作用。此时的官名只剩彰显贵族地位的作用，是朝廷基于相应位阶赏赐给他们虚有其表的名誉称号。因此对江户时代的朝廷而言，官名实际上只被当成一种荣誉上的人名来使用。就算封官于人，既不会布置日常公务，也没有"工资"和奖励。

《职原钞》是江户时代人们选取官名所参照的基础文献。任命官职时，以该书所载的任官组织、官职、定员范围为标准酌情选定（图3-1）。不过此书所载并非制定于平安时代（大宝元年）的初版官制。它所呈现的官制架构，有些是平安时代以后，

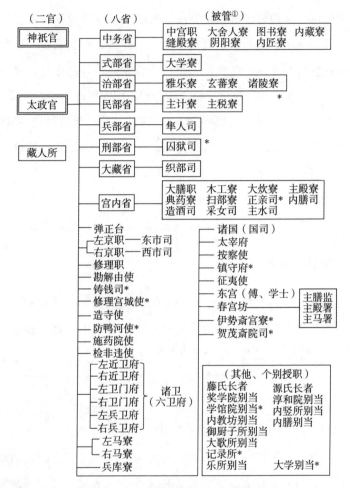

图 3－1 《职原钞》所载江户时代官制

说明：带＊号的官职已被废止，江户时代无相关任官之例。诸陵寮在幕末至明治二年的数年间曾一度恢复过任官。太皇后宫职、皇太后宫职、皇后宫职等三宫按中宫职来处理。此外，（太）上皇的院司（别当、执事）则从堂上、地下家中挑选任命。

---

① 此处特指律令制中上级官厅直属的下级官厅及其官员。

某某寮、某某司等官厅合并废止的结果，还有一些原先没有后来新设的部署、官职（令外官①），并非"古制之原样"。

在此官制中，打头阵的是二官（神祇官、太政官）。其次是中央省厅，由八省（中务省、式部省、治部省、民部省、兵部省、刑部省、大藏省、宫内省）和一台（弹正台）构成。各省之下设有职、寮、司、坊等下位部署（称作"被管"）。除此之外，还有警备禁里的诸卫（左右近卫府、左右卫门府、左右兵卫府）、太宰府及诸国的地方官等。

所有的部署都设有长官、次官、判官、主典四个不同等级的官职。它们被称为"四部官"或"四等官"。然而不同的部署，如省、职、寮、司等，尽管它们所设四部官的日语读音都为"kami"（カミ）或"suke"（スケ），对应的汉字却不尽相同。另外，还有一些四部官有自己独特的汉字表记和日语读音（表3－2）。

表3－2　四部官的官名

分类	接续下司的官司名称（诸国为国名＋下司）	四部官（下司）					
		长官	次官		判官		主典	
神祇官	神祇	伯	大副	少副	大祐	少祐	大史	少史
诸省	中务、式部、治部、民部、兵部、刑部、大藏、宫内	卿	大辅	少辅	大丞	少丞	大录	少录

① 律令制下在令制规定的官职以外新设的官职，亦含内大臣、中纳言等官职。根据需要为弥补律令制官职的不足而设的令外官，不仅与令制官职并存，且逐渐使一些令制官职有名无实。

分类	接续下司的官司名称 （诸国为国名＋下司）	四部官（下司）					
		长官	次官	判官		主典	
诸寮	大舍人、图书、内藏、缝殿、内匠、大学、雅乐、玄蕃、诸陵、主计、主税、木工、左马、右马、兵库、阴阳、大炊、主殿、典药、扫部	头	助	大允	少允	大属	少属
诸职、坊	中宫、春宫、修理、大膳、左京、右京	大夫	亮	大近	少近	大属	少属
诸司、监	隼人、织部、采女、正亲、内膳、造酒、东市、西市、囚狱、主水、主膳	正	（无）	佑		令史	
诸署	主殿、主马	首	（无）	（无）		令史	
诸卫	左卫门、右卫门、左兵卫、右兵卫	督	佐	大尉	少尉 大志	少志	
	左近卫、右近卫（会省略为左近、右近、左、右）	大将	中将 少将	将监		将曹	
弹正台	弹正	尹	大弼 少弼	大忠	少忠	大疏	少疏
勘解由使	勘解由	长官	次官	判官		主典	
太宰府	太宰	帅	大弐 少弐	大监	少监	大典	少典
诸国	大和、河内、伊势等 * 其他各诸国共计 68 国	守	介	大掾	少掾	大目	少目
太政官	* 不与官司名接续的官名	太政大臣左大臣右大臣内大臣	权大纳言权中纳言（参议）*	少纳言弁官（详见后文）		外记史 *	

注：参议非四部官，地位仅次于大臣、纳言。外记分大外记、少外记；史分为左大史、右大史、左少史、右少史。另外诸国的判官、主典只有在大国才分"大"与"少"，其他令制国则为"掾"和"目"。

除太政官等一部分官名外，大多数的官名一般由部署名（或令制国名）＋"no"（の）＋四部官组成。譬如缝殿寮的长官，即缝殿＋"no"＋头，叫作"缝殿头"①。同样的，大膳职的次官就是"大膳亮"，土佐国的判官则为"土佐掾"，左近卫府的判官是"左近将监"（也会略写为"左将监"）。再以宫内省为例，其四部官设有大、少两个等级，故其判官名分别为"宫内大丞""宫内少丞"。受各种典章制度或惯例的影响，官名还有许多规则外的称法，非常复杂。

每个官职的定员基本为一人。若任命时超过定员数，官名上就要多加一个"权"字，如"大学权助"，此即"权官"（权官最多只有三名）。与"权官"相对，如"大学助"这样不加"权"字的官名又被称为"正官"。

官位相当与家格

任官时官名的可选范围由位阶决定，此即所谓"官位相当"。江户时代一般会以低于所在位阶一档的官职来授官，如位阶为六位，那么差不多就会选七位的官职之一进行任官。不过，就如表3－3所示，江户时代因堂上与地下之间家格有异，任官官名的界限泾渭分明，即使已经擢升至五位，甚至是四位以上，但凡出自地下家，便不能与堂上家任相同的官职。

---

① 以汉字表记，"no"（の）的成分不易察觉。若从日语读音来看，便一目了然。如"缝殿"的日语读音为"nui"（ぬい），头为"kami"（かみ），合起来做人名时便为"nui no kami"（ぬいのかみ）。

堂上家可任官职，由上至下分别为太政大臣、左大臣、右大臣（此三者被统称为"三公"，其中太政大臣非常设官职，故一般左大臣级别最高）、内大臣、权大纳言、权中纳言、参议、少纳言、弁官（左大弁、右大弁、左中弁、右中弁、权右中弁、左少弁、右少弁）、中务省的侍从。另外，他们还可以任左、右近卫府的大将、权中将、权少将、四府（左右卫门、兵卫府）之督、佐，令制国的权守、权介。

朝廷中常有一人兼任数官之例，多会选择级别高的官名及位阶做名。不过，以官名做人名使用还有各式各样的习惯。如身为弁官、中将，但实际是令外官藏人所的长官藏人头，此时要以官名做名便会进行组合，称为"头左中弁"或"头中将"。再如，擢升至三位并同时兼任中将的话，也会称为"三位中将"。

直至江户时代，权大纳言、权中纳言，以及左右近卫的权中将、权少将等官职不任正官已是定例，而做人名来使用时则必定省略"权"字。可举之例如"阿野大纳言""飞鸟井右中将"等。再如本书第一章所述，参议为名时一般以其唐名"宰相"作称。另外高位的官名拥有者，即使辞官后仍然能以诸如"前中纳言""前右大臣"这样的"人名"做名，此即所谓"前官"。

还有一些官名，其相当的位阶虽低，但按照惯例在任官时由堂上家独占。譬如，神祇大副神与神祇权大副一直由堂上的吉田家和藤波家担任；而像中务、式部的权大辅，或者中务少辅、左马头、右马头、内藏头、大学头、阴阳头、主水正等官职，都会按照特定堂上家的家例（该家的惯例）来任官。

表3-3　江户时代后期朝廷四部官官位相当表

（太政官）

正一位 从一位	正二位 从二位	正三位
太政大臣	左大臣 右大臣 内大臣	权 大纳言

	机构	从三位	正四位上	正四位下	从四位上	从四位下	正五位上	正五位下	从五位上	从五位下	正六位上	正六位下	从六位上	从六位下	正七位上	正七位下	从七位上	从七位下	正八位上	正八位下	从八位上	从八位下	大初位上	大初位下	少初位上	少初位下
京官类（有定员）	太政官	权 中纳言		(参议)	大弁		中弁	少弁		少纳言	大外记 大史				少外记 少史											
	神祇官					伯				大副		少副	大祐	少祐			大史	少史								
	弹正台	尹				大弼		少弼			大忠	少忠			大疏			少疏								
	八省 中务省		卿						大辅	少辅	(大监物) (侍从)	大丞 (大内记)	少丞		大录 (少内记)	(少监物)		少录								
	八省 七省			卿					大辅 权大辅	少辅		大丞	少丞		大录			少录								
	职、坊 春宫、修理					大夫				亮			大近	少近			大属	少属								
	职、坊 左右京、大膳					大夫	大膳 大夫			亮				大近	少近		大属	少属								
	寮 大寮						头			助			大允	少允			大属	少属								
	寮 小寮									头		助			大允 少允			大属	少属							
	司、监 ①内膳等										正 奉膳			令史			佑 典膳								
	司、监 ②隼人等											正				令史		佑							
	司、监 ③主水等		令史										正				佑								
	署			令史									首								令史				
	太宰府	帅				大弐	少弐			大监	少监		大典			少典										
	勘解由使					长官				次官		判官				主典										
	按察使					按察使																				
	诸卫 左右近卫府	大将				权中将		权少将					将监					将曹								
	诸卫 左右卫门、兵卫府					督	佐						大尉	少尉					大志	少志						
国司（无定员） 诸国	大国						太守			守 权守		介 权介					大掾	少掾			大目	少目				
	上国									守 权守		介 权介				掾						目				
	中国										守	[介*]				掾							目			
	下国											守						掾								目

← 堂上家的任官范围　　　　地下家的任官范围 →

注：本表主要参考《职原钞》，不过因《职原钞》所载并非官制的最初版本，故本表所呈现的结果内含历史上各类官制的变更和改动。括号内所载为一部分令外官及被接官①；权官的话，除了需要特别说明的例子，一律省略。

律令制颁布伊始，中国②无"介"官，865年设置，江户时代也有任官之例。

寮分大寮、小寮。大寮有大舍人、图书、内藏、缝殿、内匠、大学、雅乐、玄蕃、诸陵、主计、主税、木工、左马、右马、兵库、斋宫等各寮；小寮有阴阳、大炊、主殿、典药、扫部等各寮。

司、监相当的位阶分为三大系统，各有差异。第一系统为正亲、内膳、造酒、东市、西市、囚狱等各司；第二系统为隼人、织部、采女等各司。第三系统为主水、主膳监两监。

资料来源：『标柱职原抄校本』、1864；『掌中职原撮要』、1847；和田英松『新订官职要解』讲谈社、1983；今西祐一郎校注『和歌职原钞』平凡社、2007。

① 律令制下各部署所属四等官以外的官职。

② 律令制下按照人口数量等标准将日本各令制国分成大、上、中、下四类。此处"中国"即指其中的第三类令制国。

地下家的任官范围可参照表 3 – 3 中粗线的右半部分，当然如果其中的某一官名历史上曾是某堂上家的家例，或者曾为其独占过，则依然不能使用。若是地下家中无官无位的下级者，在江户时代后期一般较为普遍的做法就是以国名、百官名来做名自称，如濑川丹后、冈本织部、近藤要人等。

顺带一提，弹正尹、中务卿、式部卿、兵部卿、太宰帅、上总太守、上野太守、常陆太守等官职，遵从古代、中世以来的先例，多由亲王独占或主要任官于亲王。

综上，在朝廷这边，我们同样能以名示人，即通过人名了解该人物的身份地位——其为堂上，还是地下，或者是堂上、地下之中所在的级别位置。因为人名即是官位，所以一目了然。无论是在朝廷还是一般社会，人名都起到了明示使用者社会地位的作用。

京官的定员限制

然而朝廷与武家的官位，两者仍然天壤悬隔。其中最显著的区别，便是朝廷赐予堂上家、地下家的官职有定员限制（即使有些有权官，但权官也有定员）。

诸如二官八省，本义为在京都中央官厅办公的各类官员，即谓"京官"（包括诸卫）。纵使是在江户时代，朝廷在任命诸京官、太宰府、勘解由使、按察使等官职时也严守定员例制。

例如正七位下的地下家某人，希望求以任官"内匠少允"（定员一名，官位相当从七位上），但"内匠少允"此时已有在任者了，便无法受赐任官（内匠少允无权官）。这种情况一般会让求官者在同一档次但仍有空缺的官职（阙官）中挑选其一。

如"内匠少允"已满，便可选"木工少允"任官。对朝廷而言，木工寮也好，内匠寮也罢，早已不在乎这些官名的本义了。在朝廷内部的官位秩序中，官名最主要的作用就是做人名使用，以体现主人的身份地位。

本书第一章所述武家官位，原本出自朝廷官位体系。不过江户时代初期，武家设"员外之官"（定员以外的官职），不再受朝廷官位定员所左右，等于另外打造了一套任官制度。因此，但凡是武家递交上来的任官申请，纵然与朝廷官位同名，也不限任官人数。这就是为什么本来定员只有一人的玄蕃头或采女正，同时会有多名大名、旗本任官的原因。武家官位中的各种大臣、纳言、参议、侍从等皆不受朝廷官位的定员限制。再如主水正或大学头等官职，在朝廷这边由堂上家独占，而在武家那儿，诸大夫家就能随意使用。"员外"制度让武家官位可以不受朝廷规则的束缚，自成体系。

国司无定员

与京官相对的地方官被称作"国司"，如"越前守""长门介""三河掾""尾张目"等。被任命为某一个令制国的长官还有特称，是为"受领"。原先国司的四部官各有定员（大致各部一名），到江户时代，朝廷这边也不再限制人数，肆意任官。与武家官位一样，此时的国司也只具其名，没有内实。因此像朝廷的地下家那般，同一时期会出现10人以上都是大和守，或者5人皆为伊势介的情况——这要是放在律令制刚颁布的年代，绝对难以想象。

另外，诸令制国本来有大国、上国、中国、下国的区别。就算从官名上看同为"某某守"，实际上受令制国规模影响，相应的位阶却不尽相同（表3－3）。然而到江户时代也无人会去在意此事。对朝廷而言，任官做名时，相比无定员限制的国司，京官因有定员限制，数量有限，便更有价值。

顺带一提，像"～权守""～权介"这样的国司官名，依古制一般都由堂上家独占，并和京官一样遵从定员一名的规则。因此在江户时代，若提到"花园美作权介"这样的人名，必然出自堂上家。不过颇显怪异的是，明明"某某守"才是正官，现实中反而是权守、权介之类的地位更高。

转任与人名

与武家社会相比，虽然朝廷社会也把官名当作人名来使用，但是其"任官"频率大不相同。

第一，堂上家的任官、晋升之路受其家格左右，各有定式。譬如朝廷武官系统的堂上家之一羽林家，初任时多从令制国的权守、权介，或者京官中的侍从等官职起步，然后自下而上，大致按照少将、中将、参议、中纳言、大纳言（兼任大将）、内大臣、右大臣、左大臣、太政大臣的路径一路擢升（实际上大多数堂上家的最高官位至大纳言便止步了）。

第二，随着官位的步步高升，人名也会随之更改。例如文化九年（1812），羽林家的某位人物（姓名①为藤原雅久）初

①　非现代日语中的"姓名"之意（同汉语），后文会对此概念做详述。

任，位阶从五位上，人名同官位为"飞鸟井侍从"，后其人名随官位擢升、任命发生了如下改变。

　　其文化十一年擢升至正五位下，文化十三年至从四位下，文政三年从四位上，同年又至正四位下，文政四年改名为"飞鸟井右少将"，文政七年又改名"飞鸟井右中将"，同年擢升至从三位，次年改名为"飞鸟井左兵卫督"。他文政十年位至正三位，天保四年兼任参议，次年至从二位，天保十四年改名"飞鸟井中纳言"。他天保十五年至正二位，辞去兼任的左兵卫督一职，嘉永五年（1852）改名"飞鸟井大纳言"。他嘉永七年辞官，改称"飞鸟井前大纳言"。

　　堂上诸家会依各自家格、先例受赐位阶与官职，所以做人名使用的官名也不会完全一模一样。当然，在选取人名时，依然受限于各家的擢升路径及定员限制，并不是说只要达到某个位阶就可以任意选择官名。

　　另外，地下家同样有特定家族占据特定官名的史例，如称号平田的"内藏权头"、称号桥本的"主水佑"等。除此之外，便任由个人自主申请、任官，可以按其家族先例，也可以是在官位相当中任意选取，亦会考虑阙官的情况。和堂上家一样，地下家在位阶擢升后也会去申请相应的官名变更。例如，文化五年至文政八年的十多年间，从六位下"池田萨摩介"（22 岁）擢升至从六位上后改名"池田主计少允"（31 岁），后升至正六位下时又改称为"池田左马大允"（39 岁）。

　　综上，朝廷因为模仿古制不断"任官"，故而若以官名做人名，必然会随之频繁变更，是为其一大特征。这也使得在对姓名的认识上，朝廷社会与当时的一般社会判然不同。关于此点，会在后文再做述论。

庶民的叙位任官与准官名

朝廷偶尔也会对社家①及庶民施以叙位任官。

像伊势两宫（内宫、外宫）或贺茂神社（上贺茂、下鸭两神社）这样最高规格的神社，其神官直接予以叙位，多以四位、五位，也有个别家族可以被擢升至正三位或从二位。神官任官，四位、五位多予以国守、国介，如森周防守、藤木近江介等。除伊势神宫、吉田神社等个别神社的神官可以任神祇权大副、神祇少副等官职外，基本上朝廷不会授以京官。

大多数的普通神官无位无官。不过，统辖神官的堂上吉田家或白川家会授予其名，是为"呼名"。直至江户时代中期，被授予的呼名有"山城正""因幡正"之类。它们在读音上与正式官名别无二致，但从汉字表记看，就是在胡乱拼接下司官名。换句话说，呼名即为官名的高仿品。这样一来，呼名就会与正式官名混淆而让人难以分辨，因此幕府便下令不可再授予带有下司官名的呼名。之后授以呼名，就逐渐开始流行起用国名和百官名（京百官、东百官）。因此，江户时代神官最常见的人名多以国名和百官名为名，如片山和泉、藤本宫内、吉见典礼等。

另外，朝廷自古以来还有惯例，会将国司官职作为一种荣誉头衔赏赐给锻冶、刀工、果子司、净琉璃大夫等手艺人。其

---

① 指世袭神职的家族。

名多以国介或国掾命之，大抵如"广野播磨介"（錺太刀师）、"木村出云介"（御冠师）、"龟屋大和大掾"（御果子司）、"竹田近江大掾"（人形净琉璃师）等这般（此皆为江户时代中期以降之例）。现下一般将这种针对庶民的叙位任官统称为"职人受领"。"受领"对象中无位（没有位阶）者居多。只是职人受领的来源不止一处。譬如官名都是"近江大掾"，它既可能是天皇敕许下赐的正式官名，也有可能是三门迹（由亲王担任住持的寺院），即勧修寺宫、仁和寺宫、大觉寺宫依据"永宣旨"① 授予的准官名。很多情况下只看官名实难辨别，仍需稍为注意。

二 姓名的用途与人名的原型

姓名才是人名

一条左大臣、久我大纳言、森岛因幡介、池田左马大允等，它们在用途上和武家或一般社会上的井上越中守、伊东主膳、伊势平八郎等"人名"一样，都被拿来做人名使用。不过朝廷这边还会在这些官名（或是通称）之上加上称号。日常生活中互相称呼时，也会念到称号，但是它并不被视为人名的一部分。这也是朝廷常识（人名观念）与一般常识截然不同的重要之处。

在日本人名的历史上，姓名（本姓＋实名）要早于人名

---

① 原指天皇颁布，允许某项特权永久可行的旨意，多用于神佛机构。此处指江户时代三门迹也基于永宣旨拥有特权，可以自由地给其庇护下的法师或医师授予官职。

（称号/苗字＋官名/通称）登场，也曾存在姓名作为人名通行于世的时代。然而正如前章所述，"姓名并非人名"在江户时代既是事实，也已经成为一种基本常识。对于朝廷而言，他们有和一般社会接轨的一面，即使用"称号＋官名"当作人名称呼他人，与一般常识中的"人名"并无太大区别。然而在朝廷内部的正式文书中，却依然坚持只有姓名才能作为最正规的人名来使用。

本书第一章有述，"南部三郎"任官后改称"南部信浓守"，在武家社会的观念里不仅将其视作"改名"，实际上就直接以"改名"称之。但朝廷社会是绝对不会用"改名"一词来描述这一行为的。譬如堂上家的平信坚（称号为西洞院）任官为左兵卫督，便会在日常生活中以"西洞院左兵卫督"，即称号接官名的形式做人名使用。然而如果以朝廷常识来看，此人姓名为平信坚——这才是人名，官名又不是人名。因此，就算他任官为左兵卫督，其"名"（实名，即前文所述武家或普罗大众观念里的名乘）仍旧是"信坚"，不会发生任何变化，故而也谈不上改名了。

另外，武家或一般社会把官名视为通称的一种，即规格最高的通称（正式官名）。在这点上，朝廷常识也与之相差甚远。虽然朝廷社会也会把官名和通称当成人名来使用，但决计不会将两者视为一物。通称由个人随意取用，但官名是必须经由敕许才可使用的官职之名——即便它们在日常生活中都被当成人名。在朝廷常识中，官名绝不是通称（仿官名、一般通称）的同类——通称是通称，官名是官名，泾渭分明。既然两者并非一物，自然不会将两者相提并论。

在朝廷社会的观念里，并不通行于世的姓名（本姓与名乘）才是真正的人名。对普罗大众而言，通称为"名"；而在朝廷诸臣眼中，人"名"只能是"实名"，官名不是通称的同类，也就不可能是人"名"。

综上，江户时代朝廷社会的人名常识与一般大众截然不同。然而此二者又共存于世——这一点定要千万留意。

所谓"姓"之物

"姓名"到底为何物？一般而言，姓名即本姓与名乘。为了探究姓名在朝廷社会中的用途，让我们先通过历史回顾，了解一下"姓名"在古代的"本义"。

江户时代的"姓""本姓"在古代所对应的概念为"氏"[uji（うじ）]。氏是父系血缘集团内部共享的一族名号，如"藤原""源"等。念的时候，一般按照"本姓"（氏）+ "no"（の）+ "名"的形式，譬如源赖朝读作"minamoto no yoritomo"（みなもと・の・よりとも），藤原道长则读作"fujiwara no michinaga"（ふじわら・の・みちなが）。

江户时代，堂上家的本姓（氏）有 10 种，分别为藤原、源、菅原、平、清原、安倍、大中臣、卜部、丹波、大江。其中，藤原占据了堂上家本姓的半壁江山。堂上诸家虽称号各有不同，若本姓相同即出自同源。如称号为西洞院、平松、长谷、交野、石井的各家族，其本姓皆为平；或者称号为土御门、仓桥之二家，本姓同为安倍。本姓与各堂上家的家格、官位密切关联。

地下家的本姓，除上述 10 种外，还有如小槻、中原、宗冈、橘、三善、纪、和气、佐伯、伴、小野、高桥、坂上、下毛野、太秦、多、藤井、秦等，种类繁多。本姓始自古昔而沿用至今，是否也意味着这些家族血脉延绵——非也，非也，实际的情况与之相去甚远。江户时代的地下家超过半数是在江户时代初期至中期之间再度复兴的家族，因此他们的本姓基本上是对一度出现过的古代、中世本姓的仿称，实际上两者之间并无关系。当然，也不是说所有的家族都无法被追溯至中世以前，有的话也只是极少数。

姓尸名

古代最正式的人名表达方式，除了本姓（氏），还要在其后附上表示该氏族社会地位或排序的"姓"（kabane）。有点麻烦的是，虽汉字相同，但它与"姓名"中的"姓"完全是两码事。

例如"藤原"的姓（kabane）为"朝臣"，接在氏之后便称为"藤原朝臣"。姓（kabane）更像是一种氏族全体共享的爵位，种类浩繁。其中最有名的当属天武天皇时代的"八色之姓（kabane）"。它们分别为真人、朝臣、宿祢、忌寸、道师、臣、连、稻置。故而古代人名的表记方法为本姓（氏）+姓（kabane）+名，如"山部宿祢赤人"或"纪朝臣丰河"等。因此，"姓名"中的"姓"这一概念原本应是"本姓（氏）+姓（kabane）"。

不过到了江户时代，人们却将"氏"仅当成"姓"或"本姓"了。譬如古人论"姓"，定是" 藤原朝臣 ^{（氏 ＋ 姓 kabane）}"这样的形式，而在后世，"姓"仅指"藤原"那部分。甚至除了那些为数不多需要正式署名的场合，人们一般都会把姓（kabane）省略掉。如"纪朝臣丰河"就变成了"纪丰河"，"山部宿祢赤人"便直接写作"山部赤人"，如此这般。

人名的组成部分一会儿叫姓，一会儿又是姓（kabane），带来了称谓上的混乱。因为日语汉字"尸"的发音也读作"kabane"，一些江户时代的掌故书便以尸字代姓（kabane）。故而江户时代的一般常识里"姓名"就指"本姓 + 实名"，如"藤原^{（姓）}道长^{（名）}"之类。若是遇到"源^{（姓）}朝臣^{（尸）}具庆^{（名）}"这样的称呼，为区分便多会故意将其称为"姓尸名"。而本书也主要基于江户时代的称谓在展开话题，所以也按照此标准统一术语，"氏"如"藤原"或"源"类全做"姓"或者"本姓"，姓（kabane）则以"尸"替换。

在朝廷的认识里，唯有与姓组合的"名"（实名）才是个人之名，绝对不会使用武家口中的"名乘"以称之。古时汉字双字的人名搭配，如"赤人""丰河""仲麻吕"① 等，直至江户时代，我们仍然可以从"公纯""家厚"这样的公家名上发现历史潜移默化的痕迹，但其影响也仅局限于此。

官名要置于姓名之上

与姓名不同，官位是受赐之物，所以在古代，获得官名者会在其姓名上自署官名，他人也会以此来称呼自己（六国史或《万叶集》等）。因此，古人的称呼或写作"太宰大监大伴宿祢

① "仲麻吕"在古时写作"仲麿"，故仍是两个汉字。

百代"（官＋姓＋尸＋名），或是"从五位下藤原朝臣房前"（位＋姓＋尸＋名），还有"右大臣正二位橘宿祢诸兄"（官＋位＋姓＋尸＋名）等。江户时代的朝廷也按部就班，以此作为人名最正式的表记形式。

像上述这样依从古制的署名方式被称为"位署书"。位署书中详细罗列了官名应以何种形式、何种排序书于姓名之前，其基本形式为"官位＋姓尸名"。位阶高于官职的时候，先写位阶，然后在位阶和官名之间加一个"行"字相隔两者，其例如下：

（位）　　（官）　（姓）（尸）（名）
正二位行权中纳言藤原朝臣光成

读作"jounii gyou gonnnochuunagonn fujiwaranoasonn mitsus-hige"（じょうにい・ぎょう・ごんのちゅうなごん・ふじわらのあそん・みつしげ）。

官位相当时先写官位，其例如下：

（官）　　　（位）　（姓）（尸）（名）
权大纳言正三位藤原朝臣稙房

读作"gonnnodainagonn jouzannmi fujiwaranoasonn tanfusa"（ごんのだいなごん・じょうざんみ・ふじわらのあそん・たねふさ）。

若官职高于位阶时，其前半部分的书写顺序则为官＋"守"＋位。因江户时代没有官职高于位阶的任官惯例，所以这样的人名鲜能见到。

另外在一些朝廷颁布的正式文书中，还能见到省略位阶及尸的书写形式，如"藏人权右中弁兼春宫权大近藤原经则"（官）（名）（姓名）（kuroudo gonnnouchuubenn kenn touguunogonnnodaishinn fujiwara-notsu-netoki，くろうど・ごんのうちゅう べん・けん・とうぐうのごんのだいしん・ふじ わらのつねとき）。也有省略姓尸的表记形式，如"从二位行权大纳言臣家孝"（官位＋名＋"臣"），或者索性从简，写成"右中弁光房"（官名＋名）。如此这般，各式各样。

不过，无论形式如何多样，最关键的一点是官位应置于"姓名"或"名"之上。顺带一提，上述登场的诸人物，如光成、稙房还有"广桥""万里小路"这样的称号，但在位署书中绝不会出现。因为称号是后世的创造之物，虽附于官位之下，但设计之初并不将其作为人名一部分来使用。对此问题，后文还会详述。

综上，江户时代的朝廷社会将"姓名"视作人名的原形。这也是他们有意识地将古来人名表记形式奉为正朔的思维惯性。

小仓百人一首①

以"姓名"为底色的朝廷式人名表记方法，时至今日仍残

---

① 日本中世著名歌人藤原定家编纂、选定的和歌集，汇集了日本王朝文化700年的名歌，是广为流传的和歌选集。到了江户时代还被制成卡牌，开始在民间流传。其对日本民族的生活情趣和审美意识的形成产生了深远影响。

存于世，且出人意料的是，它一直隐于我们身边。此即当下的常用书《小仓百人一首》。

今日所谓"百人一首"，其出典便是《小仓百人一首》。这部和歌集依照古例而成，故其歌者的人名既有基本以"姓名"形式书名的例子，也能见到与其有别，以官位做称呼的方法。就此，除去天皇、女性①及身份不明者，本节将《小仓百人一首》中的人名大致整理成以下四类。

第一类，只以"姓名"的形式书名，如纪贯之、坂上是则、平兼盛等。他们皆位及五位以下（如纪贯之的最终官位乃从五位上木工权头）。

第二类，以"姓名＋朝臣"的形式书名，如在原业平朝臣、藤原敏行朝臣、源俊赖朝臣等。他们皆位及四位。此类人名之下添以"朝臣"的形式，还被称为"名乘朝臣"，是一种对四位者的敬称（而像"源朝臣义经"这样，以姓尸名顺序书名的方式则被称作"姓朝臣"）。

第三类，以"官或位＋名"的形式书名，如大纳言经信、中纳言家持、参议篁、左京大夫显辅、从二位家隆等。他们皆位列公卿（三位以上，或是参议）。若以"姓名"来看，则其人名应写成大伴家持或小野篁之类。未以此形式，而以高位＋"名"称之，体现了编纂者向公卿众人致敬之意。

第四类，在第三类形式的官名上，再加上该人物居所所在

---

① 日本的天皇无姓；平安至镰仓时代，日本女性在文书署名时多只落款其出身家族的姓，如"藤原氏女""中原氏"等。

的地名。而这一额外添加的人名成分，即后世所谓"称号"的原型，例如三条右大臣、河原左大臣、镰仓右大臣等。像这样完全避讳姓与名的称法只限三公。若以他们的"姓名"来看，则应依次写作藤原定方、源融和源实朝。另外，称呼皇帝（天皇[①]）时通常得尊以"御所"或"禁里"。与不直呼三公其名的道理一样，敬畏其名而不宣于口才是最高的尊敬。只不过历史上有好几人都担任过右大臣，单单以"右大臣"称之往往不知为谁，故而在官名之上添加其居所地名，以为区分。

称号与实名

不称呼他人"姓名"，特别是不直呼其"名"，实与所谓"实名忌避"（此词为现在的学术术语，江户时代并无此用语）的习俗有关。早在古时，人们便忌讳直呼他人之"名"，而以官名代之。但若好几人同朝为官皆为"大纳言"时，只以官名称呼难免混淆。解决方法之一，便是在官名上加上本姓，譬如"大纳言"就作"源大纳言"，以此区别同官名者。不过许多堂上公家的本姓为"藤原"，为互相辨别，几乎只能采取将"藤原"省略为"藤"的做法，以"藤大纳言"来称。可见即便如此，要称呼特定的某个人，"本姓＋官名"的形式仍旧有很大的局限性。

为了继续细分同官名者，人们于是开始在官名之上冠以地名称呼他人，如"日野中纳言""丹波中将"等。到后来，连自

---

① 江户时代中前期极少使用"天皇"这一称谓，主要用"禁里"称之。

称也开始使用此形式。此即公家"称号"的由来。最初称号只是个人的某种称呼，并非世代相传的家号。14世纪上半叶前后，称号的使用习惯逐渐开始与家号趋同（《中世朝廷的官司制度》）。另外，古早称带称号的人名时，一般会在称号和官名之间加一个"no"（の），如"镰仓右大臣"便读作"kamakura no udaijinn"（かまくら・の・うだいじん）。而在江户时代，念"称号＋官名"时已无须加"の"。

待到江户时代，朝廷社会中的称号实际上已经变成家号，发挥着与苗字几乎一样的作用。朝中之人在对外自称时，就以"称号＋官名"做人名。不过因为公家常常会有两三代人同时叙位任官的情况，故而还能看见相同称号者，如"德大寺大纳言"与"德大寺左中将"同朝为官的景象。虽然称号相同，他们各自却会随着转任、迁官、推举等官位变化（晋升、调动）不停变更人名。

基于上述种种缘由，朝廷社会沿袭了以"名"即实名作为人名互称的惯例。这也是其不同于一般大众的独特传统。

实名文化

从朝廷典礼、仪式的与会者名册（交名）等史料来看，在互相记录对方人名时往往书以实名，如"宣通""通诚"等。公家日记在论及自己及他人的人名时，也多以实名的方式记录。在朝廷社会中，"名"即实名人人皆知，也用于各种公私场合。

天正四年（1576）前后，专门用来解说武家礼法的《大诸礼集》成书。通过此书，我们可以一窥当时武家是如何记述及评价一些公家才特有的惯例。如有关实名的部分，《大诸礼集》娓娓道来——公家自称时，"亲康这样那样"，公家称他人时，"贞宗朝臣此番彼番"，不一而足；而对此的评论也是"武家味"十足——"公家的世界，众人竟皆以实名""武家决计不会如此"，诸如此类。在武家眼中，实名即名乘，公家的习俗居然以名乘作为日常使用之名，实在是怪诞不经。

在实名文化中，最正规的称"名"（实名）形式会按照官位高低加上敬称以做区别，如"家厚公""公纯卿"等。此类敬称分为"公""卿""朝臣"三等。"公"只有三公（太政大臣、左右大臣）和内大臣才可以使用（也包括前官）；"卿"适用于三公以外的公卿，如参议及三位以上者；"朝臣"则是除参议之外，所有四位者可用的敬称。五位以下者，就算出自堂上家也不使用敬称（图3－2）。

随用途而变

官位的叙位手续凡涉及人名处，皆使用"姓名"。向朝廷申请官位时，无论堂上、地下都需要提交"申文"（另有"官位小折纸"等他称）。

图3－3所示乃嘉永元年地下家一姓名为"源信义"的人物所提出的任官申文，希望能够任官"正七位下长门介"。从该申文的书面内容来看，只简单地写了"申长门介""正七位下"等寥寥几字。此处的"申"字即"申请"之意。接着就让我们以其为例，了解一下叙位手续的详细流程。

源信义提交的申请经由职事、议奏（两者皆为江户时代朝

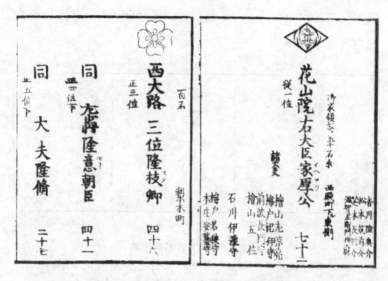

图 3 - 2 出版物中公家名鉴的书写格式

说明：出自江户时代每年出版发行的公家人名录。此类人名录按不同本姓收集、整理各家人名，故而不会一一明记所有人的本姓。其中，堂上家的人名书写格式为"称号＋官/位＋名＋敬称"，人名旁另附有其位阶及兼官，"七十二""四十六"等数字则表示年龄；而堂上家家臣（地下、诸大夫、侍）的人名只记录了"人名"（称号＋官）。

资料来源：『萬世雲上明鑑』、1860。

廷的职名，后文会做详述）转呈至关白。关白会在申文上以扇钉沾印泥按圈，然后面呈天皇，天皇再以拇指指肚在圈上捺印，"敕许"至此而成（《幕末的朝廷》）。

严格来说，在申请人向上提交申文时，为使手续顺利进行，一般都会事先确认好官职定员几人，或者是否阙官等。"敕许"下达后，会直接向"正七位下源信义"本人递交载有天皇口谕的"口宣案"。口宣案中书有"宜应任长门介"。至此，叙位手续全部完成（相比于古代，江户时代朝廷所颁发

的叙任书已大为精简，与此相应，叙任时申请人所要支付的礼
金也便宜了很多）。

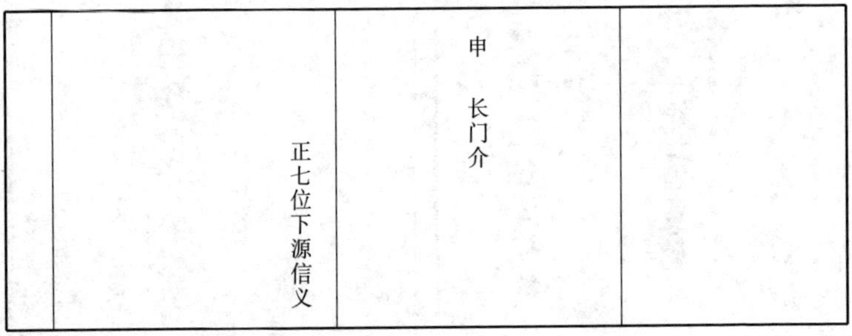

申

长门介

正七位下源信义

图 3 - 3　申文的书写格式

说明：表中纵线所示为折线痕。书写用纸一般用小奉书①，先将其横向对折，
然后再如图示纵向三等分对折。此外，一般还会在最左边小小折一条。

　　源信义在任官前，其"人名"（称号＋通称）为"诹访直
卫"（直卫为东百官的一种），但因为朝廷仅视"姓名"为正式人
名，所以在整个叙任手续中只会出现其"姓名"。任官手续结束
后，申请人会穿上当时一般社会武士身份所着的正装"裃"②，
以带刀之姿向关白、职事等所在的宅邸行礼谢恩。完礼后，申
请人会得到写有自己新"人名"的名片，从"诹访直卫"改名
为"诹访长门介"。虽然在正式的叙位手续中，从头至尾只会用
到"姓名"，但到此时"人名"再度登场，与普罗大众的常识
合流。而且新名片上也不会同时写有"姓名"，毕竟在一般社会

---

① 一种以桑科植物纤维所造的高级厚和纸。
② "裃"是日本汉字，原指上下，此处指江户时代武士礼服的一种，由颜色
相同的肩衣与裙裤构成。

上起着人名作用的唯有"人名"（通称或苗字＋通称）。

当我们对历史穷原竟委，会发现"姓名"毫无疑问就是古代日本人的人名。可到了江户时代，"人名"早已取而代之——这也是无法避而不谈的史实。因此当时的朝廷社会也将"称号＋官名"做人名来使用。

武家官位的申请手续

武家在向朝廷申请叙位时，自然也会用到"姓名"——申请时以"姓名"上奏文书，朝廷颁布的叙任书的收件人处写的也是"姓名"。

以本书第一章中的南部三郎（后为南部信浓守）为例。虽说实际的情况是申请人从"南部三郎"变成了"南部信浓守"，发生了"改名"。但朝廷颁发的是致"源嵩信"从五位下信浓守的叙位任官之命。此处"源嵩信"即南部三郎（南部信浓守）的"姓名"。

在武家的叙位任官手续中，提交的申请书并非申文，而是"姓名书"。书写用纸和格式与申文一样。其中，不写"申"字，代而书以"从五位下""宝历十一辛巳年十二月十八日""南部信浓守""源嵩信"等一串内容。江户时代，武家官位的叙任全由将军定夺，朝廷无权拒绝。因此姓名书里只需写全与叙位相关的必要信息便能顺利完成手续。而就朝廷所下达的书面材料来看，武家与地下家的叙任书在写法和格式上并无二致（只不过武家在叙任时除了口宣案，还会一同受赐位记、宣旨等证明文书。这些材料在朝廷的官位叙任中早已被省略裁汰，但武家这边不得不将这一堆"叙任纪念品"照单全收。因此在现实中，武家在官位叙任手续上也得一路打点，付出高额的礼金）。

长长的"全名"并不存在

前文有述，江户时代的人名有"人名"与"姓名"之分。它们各自拆分，还可以分成以下诸多要素：①称号（苗字）、②官名及通称、③姓、④尸、⑤名（实名或名乘）。因④大多是"朝臣"，一般不常用。故而在需要全部陈述人名要素的场合，会见到如下的罗列顺序（参考资料为当时出版发行的堂上、地下人名录等文献）。

池田左马大允源正韶
① ② ③ ⑤

或：

池田左马大允正韶
① ② ⑤

为了向读者尽示"人名"与"姓名"等全部信息，且又出于方便起见，人名录等史料以上述排列方式呈现人名的各个要素。然而在江户时代人们的观念里，"人名"（①~②）与"姓名"（③~②）用途各异。因此在日常生活中，没有人会把这两类，或者所有人名要素如此这般前后排序，此乃徒劳之举。更无人会将这一长串人名要素的组合当成人们真正的"本名"——所以长长的"全名"并不存在。

朝廷的人名常识

综上，江户时代，朝廷对"姓名"与"人名"的关系有以下诸般认识。

作为人名，"姓名"的优先级最高，而且"姓名"就是人名的真容，是其原本的模样。人们在叙位时使用的也只是"姓名"。而人名要素中的官名、通称、称号等，都是后世基于"姓名"而生的再造、另设之物。譬如为了不直呼其名，所以才以官名或者序齿排行等通称相称；而为了区别官名、通称，又再创"称号"（武家的话便是苗字）。这才变成了如今"称号（苗字）+官名（通称）"的形式。普罗大众皆以此形式做人名使用，但在朝廷看来，这绝非人名。

在朝廷社会的观念里"姓名"才是主体，"人名"最多只能算"姓名"的附属品，是次要元素。虽然日常生活中人人都以"人名"做名，但充其量不过是实名文化，即避讳直呼人名的衍生物。世人之名不应只取"人名"，而弃其"姓名"。若追本溯源，世人实是大错特错——朝廷诸人如此信之，亦会如此振振有词道："'人名'岂乃人之名者，姓名才是。若天下人皆以此为人名，那便是天下人都错了——无谬者，唯吾等耳。"

三　官名与职名

流连于古代的人们

在朝廷社会中，官名即是体现身份地位的头衔，久而久之在实际生活中也被拿来做人名使用。官名又谓"官职名"，但现实中"职"字所对应的实务早已荡然无存。

平日里，公家多半整日整夜晃荡在御所内的官署中，只有到了每年的各种节日活动时他们才有事可做。而朝廷中的各种活动多模仿古制，所以到了仪式举行的时候，他们就会按"大纳言"或者"参议"等各自"官名"扮演好相应的角色。此时的公家众人身穿他们自以为的"古代服装"，一本正经地威严正坐，按照既定的"剧本"，年复一年重复着相同的台词和举动。和武家的情况一样，朝廷的官位也已经丧失了其所蕴含的实际意义（治理、运营国家的官职）。说得难听一点，朝廷"官位"最多只能在每逢公家举行仪式时，即演出仿古戏剧的舞台上才能发挥其作用。

这些身负"官名"的公家诸人，终江户一朝都渴望将那些"消失在历史长河"中的古代仪式"再兴于天下"。他们以"复活"（复古）平安时代的诸事诸典为理想，对此倾注心血、乐此不疲，坚信可以再现先祖的辉煌。然而同样还是这帮人，却对维持禁里日常运作的必要杂务诸事敬而远之。

职名

那么，谁来负责和管理禁里的日常运营呢？天皇的饮食起居自是当然，宫中的一切杂务诸事也必须得有人来操办。

此时"官职名"中的"官"早已徒有其表，而"职"却以另一种形式存续于世。它又作"职名"，变成了那些实际负责具体事务官员的职务头衔。与叙任的官职名不同，职名如其文字所述，的确有实质的职责所在。有职在身自然会获得相应的俸禄和奖励，称作"役料"。

负责禁里平日运作的，其实仅有摄关（一般天皇幼年时为摄政，成人后为关白）、传奏（武家传奏）、议奏等简单几职，由少数几位公家包揽。此处所谓摄关虽仍是官名，但与古代不同，它早已蜕变为一种"职务"，作为统辖朝廷一切事务的总负责人出现。摄关之下的传奏、议奏并非官名而是职名（图3-4）。传奏负责与幕府之间的传达奏闻，议奏则承担除此以外的宫中差事。议奏之下另设职事（被任以藏人所诸职名），负责叙位任官等事务。

图3-4中的奏议广幡大纳言，其所任"官"为"大纳言"，其所就"职"为"奏议"。职名不做人名用，故不会有"广幡议奏"或"中御门职事"这样的称呼。职名在需要明示时仅是职务头衔，一般写在称号的上方或右上方，如"议奏广幡大纳言""传奏飞鸟井中纳言"，诸如此类。

另外，承担禁里，即御台所日常杂务的有职者被称为"口向役人"。简而言之，他们听命于幕府设置在京都的旗本"禁里

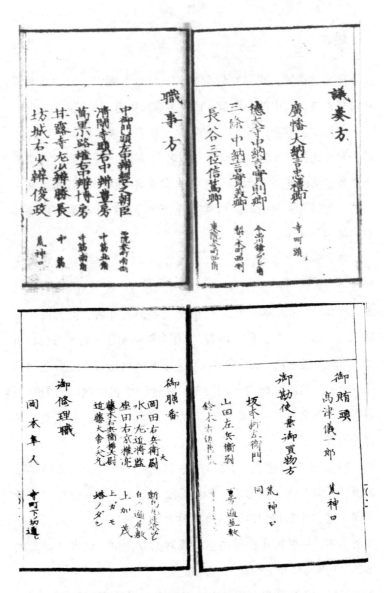

图3-4 江户时代朝廷的职名

資料来源:『雲上明覧大全』、1863。

付（付武家）”，并受其节制。口向役人以御取次为首，下设御贿头、御勘使、御膳番等数职。这些职位由幕府派来的御家人和朝廷一侧的地下家一同担任。图 3 - 4 中担任御贿头的高津仪一郎，以及担任御勘使的坂本柳左卫门，两人皆为无位无官的御家人。而担任御膳番的水口左近将监、近藤大舍人大允等人，从人名便可知他们有位有官，出自地下家。这些职者承担每一份细小的工作，合力支撑起禁里日常运行的每一天。

当然，口向役人同样不会以“高津御贿头”或者“水口御膳番”做名称呼。在图 3 - 4 中，“御膳番”依然写在“水口左近将监”的右上方，职名并非人名，只是职务头衔。而“左近将监”意为“左近卫府的判官”，果然做名使用的还是正式官名。“官”“职”二者显然不可同日而语。

顺带一提，还有一群人被称为“地下役人”（江户后期亦作“地下官人”），是负责朝廷仪式的要员。他们出自地下家，世袭“主殿寮”或“图书寮”之类的职务。他们对朝廷日常事务不甚了解，却担负着操持各类仪式活动的重任。不过有一点需要留意，像“主殿寮”这样的地下役人职名，并不是图 3 - 1 中的“主殿寮”等部署名、官厅名。它们和“议奏”“御膳番”等职名一样，只是一种职务头衔。

名不符实

古早之时，官职官职，自然官、职相符。可到了江户时代，同样还是那个官职名，名实之间却今非昔比。官名与职名各奔东西，颇为离奇。

如官名左近将监，指的是左近卫府的三等武官。若该官员实非值守禁里的武官，岂不怪哉。但现实中的水口左近将监职名"御膳番"，真正的工作却是在御膳房中"运筹帷幄"，为天子准备膳食。官职官职，越是深究就越让人觉得不可思议。会有这种"违和感"，其实就是因为当时的官名"名不符实"。

武家的情况也如出一辙，官名与职名互相乖离。譬如，任职町奉行的是大冈越前守，可"越前守"这一官名明明指的是"越前国的长官"，地方领导怎么跑到江户城来负责市政工作了——可见武家官位同样名不符实。若当时有人对此抱有疑问，倡以"正论"，定会对这样的"异象"评头论足。然而大多数的江户时代人对此并不在意，甚至把它当成世间常识。盖因官名的名不符实不会给他们带来任何生活上的困扰。对普罗大众而言，所谓"官名"不就是那些老爷、大人的人名么，就是通称的一种，和具体实务、职位并无关系。

不过随着历史车轮慢慢走向幕末，和世间常识相左，对这一问题抱有疑义的"正论"之声也如星星之火，最终酿成燎原之势——"天皇任命的征夷大将军，不就是朝廷委派去征讨虾夷的临时官职么，为何却能执掌天下——实乃名不符实，实应使之名副其实"。

第四章

常识摇摇欲坠

伊势贞丈肖像（野村文紹『肖像』），日本国立国会图书馆藏。

一　倡议正论的人们

孰是孰非

江户时代，围绕着人名有两种基本常识共存于世。话虽如此，朝廷社会的人名常识仅适用于宫中、公家这些特殊集团内部，武家及普罗大众的一般常识占据着压倒性优势。

溯源日本人名的历史，在古代的确只有"姓名"才算人名，如藤原道长、源义经（其形式皆为"姓＋名"；亦还有"姓＋尸＋名"的"姓尸名"型人名，如"源朝臣义经"）等。岁月更迭，人们开始避讳直呼他人之名，改而以"相模守""源太郎"这样的"官名"或"通称"代之，继而逐渐形成风潮。最终官名、通称，再配上称号、苗字，如"日野中纳言""土岐十郎"这般，成为人们日常生活中常用的人名。而原本作为人名使用的"姓名"，却在沧桑变化中丧失了其实用性。到江户时代，社会上已经形成了以"人名"为名的基本常识。同时，通过历史追溯可知，仍保留在朝廷社会中的人名常识，即古代人名的"原型"，已形同那个时代的"活化石"一般。

然而，并非所有的江户时代人都忘却了这段人名的历史。

那些致力于研究过往史料的有识①者自然对此如数家珍。他们越是钻研，就越发觉得与古代、中世截然不同的"当代常识"，较之人名"本义"满是"无稽之谈"。其中，尤其招致有识者"诟病"和"诘难"的，便是被当成通称在使用的官名。甚至他们还对江户时代司空见惯的"某兵卫""某右卫门""某左卫门"等通称怒目切齿，将其视作大谬不然之物。

在他们眼中，这些人名到底出了什么问题？

"某右卫门"的起源

原本"兵卫""左卫门""右卫门"等都是警卫禁里之诸卫（卫府）的官名。而为何要变成"某右卫门""某兵卫"等这般形式——其实就和前文所述"藤大纳言"的情况类似，通过故意减去本姓一字等诸多方式来区分相同官名者。此即该类通称的起源。

譬如任"右卫门"之官（多是大尉、少尉，因为定员不止一人）的源氏之人便称作"源右卫门"；而任"兵卫"之官的平家之人就叫"平兵卫"。另外还有身为长子（太郎），任"左卫门"之官，则为"太郎左卫门"（《贞丈杂记》）。另外，早先"兵卫"在日语中读作"jouwe"（ジョウヱ），江户时代发生讹传，一般将其读成"bewe"（ベヱ）。

"某太夫"的由来也同此理。原本称叙位五位之人时用"大

---

① 此处所指除中文原义外，还另指"有识故实"，即日本历史上对古代历史、文学、官职、朝廷礼仪、装束传统等进行考证的学问，又作"有职故实"。

夫"〔一开始读作"taifu"（たいふ），后来发生讹传，变为"tayuu"（タユウ）〕。"大夫"与本姓、排行、官名相结合，就发展出了"源太夫""次郎太夫""左近太夫"等诸名（原为"大夫"，后来变成"太夫"，与日本人书写草体字的运笔有关。故而江户时代一般不写成"某大夫"，而是"某太夫"）。因此，究其本义，"某太夫"与"某右卫门""某左卫门""某兵卫"一样，皆出自那些受敕许所允，叙位任官之人可用来作名的官名。

　　然而到了江户时代，这些通称本来的含义早已消失殆尽。通称"源兵卫"不再意味着"所出源氏"，或者任"兵卫之官"。它们已经变成了本书第一章中的名头与"小尾巴"，只是人名的可选项。庶民也可以擅自取作名用，无人会去阻拦。

　　那么，为什么会发生这样的变化？

官名僭称及其遗风

　　官名，即天皇所任命的官职之名。没有受允任官者，自然不可擅自以官名为名。然而就在朝廷势力孱弱的日本战国时代，那些级别较低的地方武士也跟着一起凑热闹，明明对官名之意一无所知，却也肆意以正式官名为名，如"宫崎安房守""米良民部少辅"等。当然，他们以此为名并没有得到任何敕许，只是觉得这样的人名帅气、风光罢了。

　　不仅如此，竟然还有一些战国大名越俎代庖，未经朝廷允许便自说自话地给自家家臣授予官名。无敕许而私自以官名自称，是为僭称。当时此风正盛，屡禁不绝，继而蔓延到了一般庶民中间。从此，以官名做通称便逐渐约定俗成而蔚然成风。"某右卫门""某兵卫"等如前文所述，本来只是"某（要素）+官名"的形式组合，到这里完全变成了一种通称，其实就是源自战国时代的"官名僭称"。

江户时代的到来为战国乱世画上了句号。"不可擅自以官名为名"——在幕府将军强大的威势下，社会秩序得以恢复正常。同时，官名僭称的乱象也在一定程度上得到遏制。像"左卫门大尉""右兵卫佐"这样的卫府四部官，作为正式官名，不经敕许便不可再胡乱自称，重获其应有的价值。但"某兵卫""某右兵卫""某左卫门"之类，已然作为通称在全社会根深蒂固。官名僭称延绵自战国时代，至此已成风气，烧不尽，吹又生。

江户时代，如"右卫门""左卫门""左兵卫""右兵卫"这般省略下司的正式官名被称作"百官名"（仿官名），是品级较高者才能使用的人名。但"名头+右卫门、左卫门、兵卫"之类的形式没有被算在"百官名"的范畴内，所以就成了随处可见的一般通称。其起源于官名的那段历史也几乎不再为人所知。江户时代的有识者对这样的状况愤愤不平，打出了他们的"正论"之言。

别再盗用官名呐

江户时代的知名故实家伊势贞丈在其《四季草》[安永七年(1778)前后成书]中，对官名如何被当成通称使用的历史脉络，以及当时的一些实际情况做了如下陈述。

以"某兵卫""某右卫门""某左卫门"作名而称，近世之风俗也。"兵卫""右卫门""左卫门"皆官名也。官既任自天子，便不可擅自以官名作名。然永禄、天正以来，适逢乱世。天子御威势衰，武士威势盛起，无法无天，随心所欲，盗用官名，以"某之守""某之介"等作名而称。而天子也不究其罪责，任之由之。经年累月，不觉之间竟成武士之风俗也。乃至后农民、商人、秽多①、乞食者，皆以"某兵卫""某左卫门""某右卫门"作名而称矣。

简而言之，第一，未经敕许不可以官名作名而称；第二，在战国乱世之时，随心所欲将官名作名成风，日后竟然成了"武士风俗"；第三，更有甚者，此风还蔓延到了庶民阶层，最终无论何种身份都可以"某兵卫""某左卫门""某右卫门"作名而称。贞丈此言和本书前文所述人名的历史相差无几，亦是江户时代有识者的共识。

"某兵卫""某右卫门""某左卫门"等，虽其"原义"源自官名，但鲜有人会在意，随意取之作名。而贞丈对此极为不满，将其视作"盗用官名"。

另外，从江户时代初期检地账（农村的土地登记册）中记载的百姓名来看，如"孙右卫门尉""吉兵卫尉"这般，名中带有下司"尉"字的例子非常多。大约到了江户时代中期，对公的正式文书上，百姓、町人"公称"其名时却鲜见通称中带

---

① 明治以前对和"非人"一同被列为士农工商以下"贱民"阶层者的蔑称。

"尉"字的情况。这或许是受到了幕府"官名整治"的影响。

西川如见在其所著《町人囊》（享保四年刊）中，对上述情况却另有非难之词："塔婆①铭文之上，多见町人之俗名有'某左卫门尉''某兵卫尉'之类。'尉'乃卫府之官名，非五位六位者但称以'尉'，非理也。"也就是说，通称带"尉"，虽已鲜见于当时的庶民公称，然而从刻在墓碑上的铭文来看，仍能发现擅自带"尉"自称的例子。对普罗大众而言，较之"某兵卫""某右卫门"，"某兵卫尉""某右卫门尉"的写法更为正式，故而也在一些他们认为郑重的场合保留了这样的传统。这也算得上是始自战国时代官名僭称的遗风了。

错乱称呼

伊势贞丈及其他一众有识者从人名的"本义"出发，针对江户时代的人名现状，还指出了诸多怪异之点并加以批判。

譬如本书第一章在论及"排行式"人名时，曾引用过这样一段史料，"太郎为總领之子（长子），次郎为次子，三郎为老三。而当今之世，有惣领之子作某某次郎、某某三郎，也有老二、老三称为某某太郎之例，此为误也"（《贞丈杂记》）。换言之，江户时代像"～三郎"这样的通称无关兄弟排序之本义，仅仅被当成"人名小尾巴"在使用。因此较之"原义"，有识者认为这一人名现象实为"怪异"。

另外，有识者也直言不讳，指责百官名（京百官）这样的

---

① 佛教用语，"卒塔婆"的略称，即"墓"。

仿官名就是"官名盗用"。史料有云，"某左卫门、某右卫门、某兵卫等，尚有人不知其为百官名，怪哉"（《四季草》）。从人名"本义"来看，诸如"某左卫门、某右卫门、某兵卫"之类明明皆为百官名，可当时竟鲜有人知，惹得有识者不满。

像一些"人名小尾巴"，如"某之助""某之丞"等通称，其中的"助""丞"等字本源自下司。因此有识者也视其为官名僭称，批评人们不知其理却擅自乱用。而东百官招来的非难则更为尖锐。当时议论有云，"古书未见以东百官为名之人矣"，即有识者无法确认战国时代以前东百官的使用情况。他们认为东百官很大可能是江户时代才开始流行的奇珍异名（事实也的确如此）。江户时代的一般通说把东百官的由来归功于平将门，有识者对此也只是嗤之以鼻，将其称为"俗说之妄言也"。

幕末时期，喜田川守贞所著《近世风俗志（守贞谩稿）》，把那些当时从"本义"来看颇为怪异的人名诸象——如明明并非出自源氏却自称"源兵卫"，明明是长子却叫"三郎"等，评价为"姓氏也好，兄弟序列也罢，皆乃无凭无据，错乱称呼"。其批评的态度跃然纸上。

当时的社会大众一般将"源右卫门""太郎兵卫"这般"名头与排行"的组合形式当成通称，而非仿官名（百官名）。然而对于有识者来说，较之人名"本义"，此类官名变形毋庸置疑就是僭称——这样的"正论"之言延绵不绝，在有识者内部日益形成风气。

今世之风俗

那么是否需要依人名之"原义",对当时的"人名乱象"进行"拨乱反正"——看起来伊势贞丈也并无此意。他在《四季草》中有如下陈述。

> 今之世(江户时代中期),孩童时以"某太郎""某次郎""某之丞""某之助"作名者有之。然元服之前,应以"童名""幼名"称之,如"某丸""某千代丸"类。"某太郎""某次郎"等,皆乃元服之日由幼名改称之"乌帽子名"(成人名)。如此才为古风也。"某之丞""某之助"皆官名也(不可擅自用之)。如今幼名、成人名皆同途而用,就其原义论,实乃谬矣。

古来人名发展至此,不仅"原义"几经殆尽,与其他类似概念之间的区分也混乱不堪。贞丈对此愤愤不平、批判一通,却最终以一句"今世之风如此,已无可奈何"草草收尾。换言之,对贞丈而言,尽管现实尽是"荒谬绝伦",但他也束手无策,只能坦然接受。不仅是人名,在其他诸多问题上,贞丈的态度也大致相同。比如武家把叙位从四位下称为"四品",可"四品"本来是只有亲王才够资格叙位的"品位"之一(一品至四品),因此把从四位下称作"四品"明显就是误用。而贞丈对此事的看法,如下文所示(《贞丈杂记》)。

今时武家之辈，有叙四位而曰四品之事，谬矣。此应
云四位也……然今武家常以四品称四位，辄应随世之风
俗矣。

在他看来，虽然就四位、四品之"原义"而言，以四品称
四位实在是"荒诞可笑"，但是这一误用早已为大众所接受，流
通于世，那么也就应该随"世之风俗"的大流。"世之风俗"
是随时代变迁形成的大众共识，亦是所有人做任何事时不言自
明的习惯、文化。因此对贞丈来说，无论再怎么不快，也只能
接受和承认"常识观念"的变化。作为学者，他通过实证研究
指出了当时诸多与过去的不同。然而无论这种不同有多么的
"荒谬绝伦"，贞丈也没有提出要以此对社会种种常识"拨乱反
正"的主张。

请留意那些武家惯例

前述有云，江户时代的武家社会一般已不再擅自拿正式官
名作名使用。然而严格来说，就算是在正式官名的范围内，延
绵自战国时代的僭称之风仍无法尽除。

伊势贞丈有述，"直至治世，'守、介、头、助'等字皆已
慎用，但其中如'缝殿助''内藏助'之类仍无所忌惮，肆意
称之"（《四季草》）。正如其所言，虽然幕府对诸大夫相当的正
式官名做了一定管理，如"内匠头""上野介"，但是仍将"内
藏助""缝殿助"等一部分官名当成了仿官名，未对其加以任何
使用上的限制，即使这些官名在朝廷那边就是正式官名，未经

敕许不可擅自使用。

因此直到明治初年，我们仍然可以在许多旗本身上看到以此类官名作名的习俗，例如西尾兵库助、堀内藏助、奥山主计助、近藤缝殿等。这些人名无论在写法上还是读音上都和正式官名一模一样，所以站在朝廷的角度来看，它们无疑就是官名僭称（实际上，朝廷诸臣在六位上下叙任后多会以这些官名为名）。然而在武家的观念里，这些官名被定位为仿官名之类，顶多就是世代相传的通称而已。

那大名的家臣又如何呢？以前述《天保武鉴》所载陪臣人名来看，使用与朝廷常识相抵牾的正式官名作名者，如内藏助、缝殿助、木工助、扫部助等，虽不多见，却有其例，且多半是家老等上级武士，显然这亦是他们称名的习惯。大名家这边的做法也基本上大同小异，将这些官名视作百官名那样的仿官名。当然，他们在取这些名时也没有得到敕许。

还有一些武士，其人名为"主税之助"或"兵库之介"，念起来和正式官名毫无二致，却在汉字表记上多加了一个"之"字——正式官名可万万不会这么书写。这样的例子并不少见，与正式官名极易混淆。尤其需要留心的是，"内藏""木工""缝殿""右马"之类后来逐渐演变为名头，开始与"～之助""～之进""～之丞"等"人名小尾巴"互相组合。因此"木工之进""内藏之进"等也是普及世间的常用通称。随后，这些演变自官名的名头还发生了消减一字的表记变形，如"藏之进""杢之进""缝之丞""马之允"等。它们和"兵部右卫门""治部左卫门"等人名一样，都是官名渐渐被拿来做名头使用的实例。

除此之外，还有更改正式官名中下司表记的做法，如"内匠介""玄蕃允"等［本来这里的下司应写成"助"，但却被改成了"介"（"允"）］。更有一些人名，如"治部助""酒造介""隼人助"之类，它们看上去和官名相仿，历史上却并不存在这样的官职。它们既能够被归为仿官名，也可算作一般通称。

若以朝廷常识来看，擅自取用"内藏助"等官名为名仍是僭称。而诸如"右马之丞""采女介""右卫门介"之类，或官名错，或下司名错，甚至还出现了朝廷从未设置过的官职，因此只能将它们视为似是而非的假冒官名。要是被有识者看见了这些冒牌货，估计都不忍卒读。公家更是会对这些似是僭称，却又非之的人名嗤之以鼻，讥笑那些取名者为"不知官位常识的乡野武人"。

笑就笑吧

然而武家根本不会在意来自公家的嘲笑。对他们而言，在幕府允许的范围内，人名只要能反应社会地位，维系身份秩序即可。而武家社会受到使用限制的人名仅仅是大名等诸大夫以上格式才能使用的"～守""～头"系，及其更上级的官名（或者与此级别相当的官名，表1-4、表1-5、表1-6）。

因此，那些体现诸大夫以上身份的"～守""～头"系官名鲜见滥用。而"～助""～介""～丞""～进"之类，虽为下司，却逐渐演变为普通的"小尾巴"（人名符号的可选项）。像"杢""缝"这般源自官名变形而来的名头，即便庶民用以作名也无人会置喙，早已成为常见的一般通称。不过，类似"右京大属"这样的"～大属""～少属"系的正式官名，在官名僭称泛滥的战国时代便鲜见朝廷以此授任叙官之例，因此日后武家也几乎不使用该类官名僭称作名。但江户中期以降，朝廷又开始了"～大属"系官名的任官，实施的对象为七位的地下家。也正因为"～大属"系官名是在江户时代才重新"复活"的古代官名，所以武家及普罗大众便少有以此做通称的惯例。

欲为靮负佐

"～守""～头"系官名中还有一例，是为"市正"①。"市正"多是陪臣之名，算是百官名，即仿官名的一类。不过幕府规定，若非位及诸大夫格式，便不能使用"市正"为名，故而"市正"也是那些需要一定品级才可使用的人名。这同样是幕府内部的独有规定。

有趣的是，当武士位及诸大夫之列，并想要改名为"市正"时，朝廷所颁发的任官文书上写的却是"任东市正"。按古例，写作"东市正"，日语读音为"ichinokami"［いちのかみ，亦读成"touichinokami"（とういちのかみ）］。"东市正"作为武家人名使用时，一般不写成"东市正"，而是"市正"。另外还如任官参议，做人名时却以其唐名"宰相"作名。如此这般，一些

---

① "正"字日语读音为"kami"（かみ），虽汉字不同，但与"～守""～头"系官名中的"守""头"同音，故为一系。

正式官名在被当成日常人"名"使用时，其汉字表记往往会有所出入，并不完全一致。

比较典型的例子如"靱负佐"，它是大名、旗本位及诸大夫后可使用的人名之一。"靱负佐"其实就是"右卫门佐"的异称（江户时代一般还会写成"靱负""靱负"）。关于此名还有一段逸闻。某大名位及诸大夫后欲改名为"靱负佐"，而当他经由高家之手拿到朝廷所下文书时，只见敕许上写着"任右卫门佐"，立时大惊失色，连忙问道："这为何会写错呢?"直到从高家口中得知"靱负佐即右卫门佐之别名，口宣案颁布时只会书以正式写法"时，他才手抚胸口，安下心来。

这段趣闻记载在随笔《思出草》中，作者是隐居于鸟取藩支藩若樱新田藩的池田冠山。在该随笔中，冠山痛陈该大名的无知之状，"今之官名，虽为虚称，然竟不知己名原义出处，实乃愚昧之至"。在他看来，官名虽只是"虚称"（虚有其名，并无实质），但其原本并非人"名"。因此在使用时往往会有古今表记之异。然而使用者竟不知其中缘由，大惊小怪，实在是不成体统。

以此例来看，纵然是大名对官名的理解也仅仅是如此水平：欲以"靱负佐"为名，但本人对该名由来一无所知，只是随个人喜好或依家中先例罢了。冠山笔下的"愚昧之至"，在当时反而是司空见惯的普遍情况。

御名差合

按惯例，大名、旗本会尽量避免和老中等幕府要员同名。

因此若有同名的新任老中上台，底下的人便会就此提出改名申请，是为"御名差合"（"取名相同而互相冲突"之意）。例如，宽政元年（1789）四月十一日，松平和泉守就任老中。翌日，水野和泉守便以"御名差合"为由向老中提出改名申请。

当然怎么都不愿意改名的话，上面也会根据实际情况适当放宽，不予追究。天明四年五月，牧野越中守就任老中，松平越中守便以"吾家始自先祖历代以越中守为名。此番与老中牧野越中守御名相冲，理应改名。但若可允，仍乞以越中守为名"向上申告，希望能够保留其名，不做更改。鉴于松平越中守出自格式较高的大名家，幕府便答应了该请求。

以朝廷常识来看，从和泉守变成越前守是"改任"，因此需要重新走完一整套的"任官"程序。就算是朝廷里的地下家，在实际操作时也不例外。然而武家官位的场合，已经位列诸大夫格式以上者，在改名时并不需要重复向朝廷申请。欲改名时，武士只要向幕府递交"和泉守改名，越前守"的申请即可。它就如同"甚太郎改名，弥左卫门"，与庶民改名时的流程完全一致。

而当时那些熟知"官位"本义的有识者对此虽然不乏批评之声（如中井竹山《草茅危言》等），但差不多也就只是"武家位及诸大夫后已走完一次叙任手续，这便行了吧"之类的程度。在这悠然漫长的江户和平年代，朝廷和武家在面对官名时的认知观念和处理方式实在是天壤之别。

荻生徂徕①的提议

对武家社会而言，官名是必须受允才可取用的特殊"人名"，是为通称的一种。它们起到了反映武家格式、等级秩序的作用，仅这一点便意义非凡。而且从形式上来看，要以官名作名，还需要从天皇处受赐叙任，走完全套流程，颇具仪式感。身为幕臣的儒学者荻生徂徕却对此忧心忡忡。在其上呈给八代将军吉宗的《政谈》（成书于享保十一年前后）一书中有如下记述。

> 虽天下大名皆将军之"家臣"，然其官位形式上乃授自天皇之诏命。故诸大名之中，有人现下慑于德川氏之威势"俯首称臣"，私下却认为其主君乃天皇也。他日一旦世道生变，恐难免对德川氏"心生异动"。

作为解决之道，徂徕提议将军应完全脱离朝廷体系，重新打造一套专属武家的"勋阶"体制，向各大名授勋赐阶。遗憾的是，吉宗并未采纳他的意见。而至幕末，徂徕所言竟一语成谶。随着尊王思想日益高涨，诸多大名以官位授自天皇为由，逐渐不再将德川氏视为自己的主君，转而以"朝臣"自诩，将效忠的对象转向了天皇所在的朝廷。江户时代"官名"明明早

---

① 原文作者将其称为幕臣，但严格上来说，荻生徂徕一生只侍奉过柳泽吉保，应为陪臣。只因柳泽吉保是将军宠臣，故而徂徕有许多可以直面将军的机会。

已虚有其表，仅仅被拿来作为"人名"使用，却成为幕末时期政治活动合法性的来源，是合理化其诉求时可以利用的工具。因此，幕末时期人们对官位的认识也发生了翻天覆地的变化。

正名论

与尊王思想密切相关，可举正名论。

孔子曰："名不正，则言不顺。"强调"名"（名称、概念）"实"（实质内容）一致对维护君臣、父子等社会秩序的重要性，故有"正名"一说。这就好比名为"君主"，却实为"臣下"，此即名实不符，应予以纠正。

后经宋代朱子学发酵，再加上日本人对朱子学的本土化改造，正名论在日本逐渐发展为"名分论"等诸说。特别是18世纪末水户藩藤田幽谷在其所著《正名论》中提出："唯有君臣名分名正言顺，方能天下安定，诸事顺调。"这一观点亦成为水户学①，以及日后深受其影响的尊王论者合理化自身政治诉求的重要理论依据之一。

从那些希冀"正名"人士的立场来看，他们所处的现实社会毫无疑问就是一个充斥着各种"名"不符"实"的世界。明明天皇是"名"上的全国统治者，天皇任命的内大臣、征夷大将军德川氏却紧握全国政权之"实"。天皇还会不时受到将军的处分、责罚——实乃是名实不一、名不符实，理应让其名实一致、名实

---

① 江户时代在水户藩形成的学问，以儒学思想为中心，糅杂以日本国学、日本史学、神道思想为骨干的"国家意识"。

相符。这样的看法、观点与倒幕、尊王的思想紧密相连。

这么看来，被拿来做人名使用的正式官名，虽然形式上还需要走完叙位任官的程序，实则有名无实。而仿官名也好，一般通称也罢，早已演变为单纯的人名，不再依循官名之"原义"。任官"越前守"，却并非越前国的长官；"源左卫门"既非出自左卫门府，也与源氏一族毫无瓜葛，还被庶民随意拿来作名——林林总总这般现实，若以名分论来看，实乃名不符实，必须加以纠正。不过，大多数的有识者认为要将"正名"付诸实践仍颇有难度。例如大阪儒者中井竹山便在其所著《草茅危言》（宽政元年前后成书）中，虽力陈正名之说，但也如其所言，"庶民以某右卫门、某兵卫、某太夫、某丞、某佐此类作名，实属怪诞。然此举业已为时下一大风习。事已如此，难再是正"。

山县大弐的正名论

《柳子新论》（宝历九年前后成书）是另一部对幕末"尊王论"产生重要影响的著作。作者山县大弐在其中高唱"正名"之说。譬如，大弐认为德川氏"名"（名义上）乃天皇所命之"将相"（大臣、将军），却握有天下"实"权，那便是窃取了"南面之位"（天皇）。因此他主张，既然天皇有其"名"所在，就应该名正言顺，夺回天下"实"权。

另外，大弐也对江户时代人名中的名不符实问题进行了尖锐批判。其文如下。

　　今大名等，叙从五位下之位，任某某守、某某少辅等官，皆与其原义相乖离，有名而无实。而庶民则更甚，以某兵卫、某右卫门之类作名，此乃"私用官名，冒犯官威"。古时即重罪矣。

然而尽管如此，大弎应该也意识到要改变"以官名做通称"的现实绝非易事，他自己不也正以百官名"大弎"取名自称么？大弎无官无位，自然不可能受赐叙任"太宰大弎"。作为学者，他为了扬名天下，以流行于世间的百官名"大弎"作名。因为在那个时代，"以名示人"——人名起着反映个人社会地位的作用，所以尽管高唱"正名"之说，大弎也无法在这一社会基本常识中独善其身。这就是现实。

不过，受正名论影响的尊王论者以实现"正名"为目标，期望能够"拨乱反正"，一扫现实世界中的种种名实不一。"使天下万物名副其实"，这也成了明治初年王政复古运动的思想源头。正是这种对"正名"的诉求，引发了明治初年人名问题的种种乱象。

二 人名部件汇总

请留意"名字"

江户时代，人名各个部件的称呼可谓乱作一团。下面将对该时代人名的各要素及其各种不同的称谓进行整理、汇总。

首先，我们一定要留意"名字"。

武家一般把人们原本的人名（即"姓名"中的"名"），如"信长""家康"等，称为"名乘"。像"山田""铃木"这样的，则称作"苗字"（又写作"名字"）。而公家却把"名乘"（实名），即"经之""信坚"之类称作"名字"，对标苗字（名字）的概念则称为"称号"。在一般大众看来，"名字"类似我们现在英语中的"family name"，但朝廷所谓"名字"指的是"名乘""实名"。同为"名字"，却以不同内涵出现在当时人们面前。

人名称呼纷繁杂芜，彼此之间却又各有异同。早在 16 世纪，世人便对此多有议论。如《大诸礼集》有述："武家一方，言称号为名（苗）字，名字为名乘也。"《书简故实》则有记载："公家众，称名（苗）字为称号，称名乘为名字矣。"而清原宣贤在《贞永式目抄》中写道："名字者，即名乘也。今武家却道'称号在名①'为名（苗）字。虽非理，却将错就错，成世间习惯也。"因此，当时人虽然清楚武家在人名称呼上有"错"，甚至是"一错再错"，但是也早已接受了这一事实，承认不同社会集团有着各自迥异的人名称呼、人名表记。

享保三年出版的《官职知要》也提及了"名字"一词所反映的"公武差别"，即对于同一人名称呼，公家与武家有着截然不同的观念认识和处理方式。该书还提醒读者要特别留意这种公武有别，却并未说明两方谁对谁错。而国学者、幕臣小野高

---

① "在名"一词为武家用语，即指由领地或出生地之地名发展而来的"苗字"。

尚在其所著《夏山杂谈》（宽保元年成书）中则直言："应谓之名字，世俗却称名乘；又，应谓之称号，世俗却曰名字、苗字。"可见，江户时代中期以降，针对"公武差别"的孰是孰非，已经出现了论断之说——朝廷一方的定义因取自词语"原义"，正确无误；而世间一般大众对"名字""名乘"的定义，实乃谬误。

另外在有职故实的文献中，还会把"姓名"（姓＋实名，或者姓＋尸＋实名）称作"姓名字"，给本来就已经乱作一团的人名称呼带来了更大的混乱。故而本书便不使用该表记形式了。

可做通称之物

在一般常识中，个人之"名"即指通称。如本书第一章所述，通称大致分成正式官名、仿官名、一般通称三类，无论哪一种类型都与官名密切相关。这一人名部件除"通称"外，还被叫作"俗称""俗名""假名"等，亦有人会比照中国人的用法，将其称作"字"。

提起中国的"字"，以鼎鼎大名的"诸葛亮孔明"为例，"诸葛"是姓，"亮"是名，"孔明"是字。和日本一样，中国也有避讳的习俗，在称呼对方时一般只以其"字"称之。这么看来的话，日本的通称倒的确与其有几分相似，因此历史上也有将通称称作"字"的例子。

如伊藤东涯便在其著《制度通》（享保九年成书）中谈道："如今日本已鲜有称名乘（实名）之举，代而以通称，即官名或排行之类作名。此即通中国'字'之用法，故视日本之通称为

'字'亦不为过。"与之相对，伊势贞丈则站在更为严谨的实证研究上予以反驳。在他看来，日本从来就不存在一个可与中国"字"对应的概念，因此"某太郎、某次郎、某兵卫、某右兵卫，以及其他各百官名之类非字也，以其为'字'者，谬矣"（《贞丈杂记》）。如此这般批判那些将通称作为"字"之人。

那么，江户时代的通称到底为何物——虽然从用途上看，它非常类似中国的"字"，但与日本不同的是，中国"字"的由来与官名无关。再者，追溯历史，日本的通称也并非中国"字"东传之后的产物。通称原本还被称作相对实名而言的"假名"，但从实际的使用情况来看，还真不好说它是"假"名。在江户时代，人们普遍拿来做"名"使用的，或称"通称"，也作"俗称""俗名""假名"，甚至还叫作"字"（误用），林林总总，形式各异。可能在一开始就没有一个统一的称呼。通称是日本人名文化独特的历史产物。它一方面受到官名与战国时代"官名僭称"的巨大影响；另一方面又在江户时代随历史环境的更迭不停嬗变。

苗字、称号、氏、姓

江户时代，人们一般把"苗字"称为"氏"（shi）或"姓"（sei），写法上诸如"吉田氏""山田姓"等。当然，从"氏""姓"这俩词的"原义"来说，江户时代的做法无疑是误用，但这种"误用"早已深入人心，通行世间。而且真要究其本源，"氏"（uji）或者"姓"（kabane）等概念在很早以前就已经发生了称呼上的混乱。

132

而"氏"在江户时代则被称作"姓"或"本姓"。对此，伊势贞丈有其洞见，"中古以来，源、平、藤（藤原）、橘等氏（uji），世人误称其为姓（sei）；朝臣、真人等姓（kabane），世人又以尸称之。皆纰缪矣"（《贞丈杂记》）。如其所言，在当时的一般观念里，"氏"与"姓"两者概念已经混淆，因此为了区分彼此，只好改"姓"（kabane）为"尸"。

称号、名字、苗字、氏、姓等各种人名要素概念相似，却称呼不一；又或者是汉字表记相同，但又内涵各异。错综复杂，令人颇为头疼。同时代的有识者对此有清晰的认识。不过好在给人带来麻烦的，仅仅是如何称呼人名的各个部件。因为每个人名部件的用途都各有不同，所以并没有发生使用上的混乱。综上，以江户时代的观念与认识为标准，将当时的人名各部件整理、汇总如下（图4-1）。

在图4-1中，第①～⑤类为到本节为止构成"人名"与"姓名"的各个要素。他们虽然在称呼、表记上多有重复，但使用时泾渭分明。如果仅以汉字表记来说，"氏"所涵盖的概念有第①③类、"姓"为第①③④类、"名字"则为第①⑤类。同一汉字却内容各异，的确容易引起混乱。但真的要用起来，人们是不可能混淆第①～⑥类各人名部件的。

屋号与苗字

另外在江户时代，还有像"越后屋"或者"大黑屋"这样的屋号。它们一般写在通称之上，使用起来也和"人名"类似。"号"本是私称（私人领域使用，或者私下自称），但江户时代

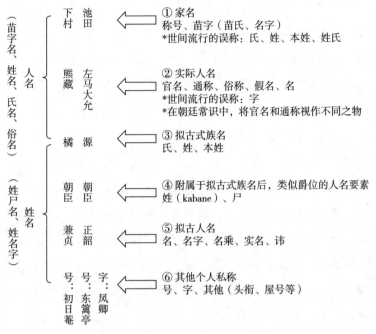

图 4 - 1　江户时代人名实际情况及各部件名

天下太平、民康物阜，屋号也与时俱进，逐渐被拿来作名使用。这也是江户时代与人名有关诸要素中最后登场的新成员。

与百姓称名时所使用的"百姓""庄屋"等类似，商家的屋号也只是一种头衔，写法上两者也大致相同，都写在人名的右上方。或就和"百姓庄左卫门"或"组头治兵卫"一样，直接写在通称之上，起着部分人名的作用，如"山城屋佐兵卫"等。这样的人名日后也渐渐出现在对公的事务中。

屋号还被称作"家号"，但屋号与苗字（图 4 - 1 中的①）是两码事。江户时代著名豪商加岛屋久右卫门其苗字为"广冈"，鸿池屋善右卫门的苗字则为"山中"。苗字是血脉相连之物，屋号却未必如此。譬如，苗字为"铃木"的百姓之子某太郎，侍奉越后屋八郎右卫门（苗字为"三井"）多年，兢兢业业，恪守本分。后来某太郎获得越后屋八郎右卫门的首肯，得以"分帘而出"①，使用老板的屋号独立开设分店，并自称"越后屋某太郎"。但某太郎的苗字仍旧是"铃木"，不是"三井"。再譬如，某某村有兄弟二人，苗字皆为"石田"。两人分别在不同商家打工，日后也都获得"分帘而出"的资格，各自独立、开枝散叶。长子自称"分铜屋某兵卫"，弟弟则叫"惠比须屋某右卫门"。不过虽然两者屋名不同，却仍旧共享苗字"石田"。

我们现在的"氏"（苗字）是明治时代以降的产物，在这其中就有许多实源自屋号。然而在江户时代，人们绝对不会混淆屋号和苗字。屋号只是一种私称，或者一种头衔。

既非"人名"，亦非姓名之物

除此之外的人名要素，如图 4-1 所示（第⑥类），还有"号""字"这类私称。它们既非"人名"，也不是"姓名"。此地所言"字"自然不是通称，而是文人墨客效仿中国文化而来的产物。从用途上来看，字、号两者皆类似我们现在所说的"笔名"。分类⑥中的各种人名要素，既不像"人名"那样需要

①　此处"帘"指"暖帘"，是日本一种印有商号、屋号名称的布帘。分帘而出（暖簾分け）指手下人获得主家的允许，可以独立开设分店之意。分店所使用的暖帘或与主家相同，或在设计上接近主家。这一现象在江户时代特别流行。

向上登记、申报，也和朝廷做本名使用的"姓名"不同。

例如在本书第三章中登场的池田左马大允，姓名为源正韶。其人颇有文才，是当时有名的书法家、著作家。在文政十三年版的《平安人物志》中，池田左马大允，字凤卿，号东篱亭，另外还有别号尚古馆。在他的著书《增补都名所车》（文政十三年刊）中，署为"东篱亭主人"，自序则称"尚古馆主人"。在跋文中，他又署名"左马大允正韶"，底下的印章则分别为"凤卿"和"正韶"。

字、号是文采风雅世界的专属之物，自然与借用证文等不同，没有必要必须用人名（通称）。不过若是在宗门人别帐等文件上以号为名，登记在册，那又另当别论。此时，字、号就要被当成人名（通称）来使用了。

江户时代后期，京都有两位医师颇有名气，分别叫水原三折与吉益复轩。"三折"和"复轩"皆为两者之号。在嘉永五年版《平安人物志》中，三折已经把自己的号当成人名来自称了。而吉益这边，一门数代皆沿袭"吉益周助"之名，因此对公事务上以"吉益周助"示人，"复轩"仍旧只是他个人的号而已。换言之，两人若去町奉所这样的衙门办事，自称其"名"时，"水原三折"没有问题，"吉益复轩"便行不通。因此若没有史料支撑，的确很难判断哪些是号，哪些是"人名"。

另外当人身故后，别人大多会以戒名、法名称之。此二者同样也不属于"人名"或"姓名"。"人名"领域谓改名时，便如"南部三郎"变成"南部信浓守"这般；"姓名"领域谓改名时，就如"源嵩信"变成"源利谨"那样。墓碑上刻着的诸多戒名、法名并非"人名"或"姓名"改名而来，因此它们完全是人们的另一种称呼，或者说"最后的人名"。若硬要给它们分类的话，那便只能归在第⑥类人名部件"其他个人私称"中了。

三　官位褫夺与王政复古

"解官"之常识

以 1853 年佩里来航为标志，幕末时期的社会情势一变。随着朝廷的影响力日益增强，武家社会对官位的态度与认知逐渐发生变化，其中最具代表性的便是围绕官位褫夺（剥夺官位）问题而引发的种种社会变动。

朝廷的官位体制中设有"解官"环节。江户时代以前若官员犯罪，便依例解除官职，即所谓官位"解任""褫夺"。江户时代"解官"的程序只适用于持有官位的公家和地下家。他们若涉嫌刑事案件，先会经由幕府等部门调查取证，如果被认定为有罪就要接受刑罚，"解官"就是其中的处罚之一。又因江户时代官位被拿来做人名使用，所以"解官"的同时意味着被剥夺了该人名的使用权。下面就让我们以具体事例来看看"解官"后对人名的处置方式。

安永三年，京都发生了御所口向役人的违法案件，多达百人受到波及。在这些口向役人中，地位较高的基本是持有官位的地下家，因此对他们的处罚同时包含了"解官"。从案件的处罚名单来看，高屋远江守变成了高屋远江，山口日向守成为

"山口日向"，而世继右兵卫大尉则被改为"世继右兵卫"，诸如此类。换句话说，"解官"只是不允许他们再以正式官名做人名使用，并非剥夺其使用人名的权利。否则若无名的话，势必连案件宣判这样的工作都没法继续了。从上述例子可知，一般的做法就是直接从官名中删去下司，并强制要求受罚人以此为名。

所谓正式官名，就是因为在形式上符合"官（职）名"的基本原则，会在词尾接续如"某守""某介"这样的下司。江户时代以官名为名，所以"解官"即意味着被强制从正式官名改成仿官名。受处罚者一旦遭到改名，又等同于向世人宣告自己身份地位的降格。从某种意义上来说，这是一种带有侮辱性的惩罚。

再举一例。宽政八年六月，摄家二条家的家臣津幡民部少辅身陷欺诈案件风波，接受幕府评定所的调查。他出自地下家，叙任从四位下民部少辅，还兼任伊予守。最终，他被处以流刑，并遭强制改名为津幡伊予。可见"解官"的时候，若被处罚者身兼多官，会选择其中格式较低的官名来删除下司。

"无解官"之常识

不过"解官"这种处罚只存在于朝廷社会之中，幕府的武家官位体系里并没有"解官"的惯例。事实上，宽政十二年七月，幕府评定所还针对这一问题进行过讨论。其内容大意为，"处罚大名、旗本时，并无'解官'措置。处罚朝廷的地下家时却予以'解官'，是否也无其必要"（《御仕置例类集》）。此处也能看到，公武之间对官位最基本的常识有着不同的认知。但到了幕末时期，朝廷开始能够插手政治事务，因此朝廷的官位常识就此逐渐渗透到武家。

本来武家官位的叙任只要向朝廷提交载有必要信息的"姓名书"即可。然而文久三年（1863），幕府接受了朝廷的命令，自此以后武家官位的叙任与朝廷官位一样，都需要以申文的形式提交申请（《幕末期武家官位制的改变》）。虽然将军仍然掌握着武家官位叙任的实权，但从形式来看，武家官位已经受到朝廷常识的影响，两者的基本观念开始趋同。原本早已被遗忘在历史角落的官位"原义"，竟这般随着时代的潮起潮落再次受人瞩目。就在同一年，武家官位体系中出现类似"解官"的处罚手段。

从"长门宰相"到"毛利大膳"

武家官位体系受到褫夺处罚的这位人物，出自长州藩毛利氏，名叫"长门宰相"（松平大膳大夫，姓名为大江庆亲）。

元治元年七月十九日（1864 年 8 月 20 日），长州藩兵在京都御所周边与会津、萨摩藩兵发生军事冲突。此即历史上的"禁门之变"。事件发生后，朝廷应幕府的要求公开宣布剥夺长门宰相的官位。同时，幕府收回了赏赐给毛利氏的"松平"称号。这样的处罚在当时闻所未闻。

处罚生效后，长门宰相或者又被称为松平大膳大夫之人，被革去从四位上参议（宰相）及大膳大夫等官位。其嗣子松平长门守（大江定广）也一并遭到罢免，失去了从四位下少将

（左近卫权少将）及长门守等官位。那么他俩的人名变成什么模样了呢？

图4-2所示乃官位褫夺前后，毛利氏条目在《袖珍武鉴》中的变化。未征得其同意，两人之名分别从"长门宰相殿"与"松平长门守"变更为"毛利大膳"和"毛利长门"。另外，其一族的支藩"毛利淡路守"也遭到罢黜，变成了"毛利淡路"。武家的官位褫夺也遵循朝廷一贯的做法，强制从受罚者的名字中删去下司。

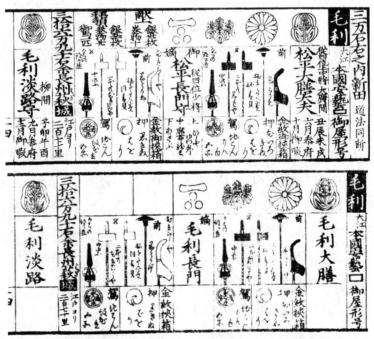

图4-2 从长门宰相（松平大膳大夫）到毛利大膳

说明：上下两图是官位褫夺前后的变化。

资料来源：『袖珍武鑑』、1863；『袖珍武鑑』、1865。

再细究图 4-2 中的武鉴内容，我们可以发现官位被褫夺后，官位、殿席①等明示身份、格式等诸多内容，自然首先遭到删除。其次，江户宅邸与参勤交代等相关信息也消失不见，甚至连一般大名都会列明的"御嫡"②及"金纹御挟箱"③两处都刻意除去了彰显"显贵"之意的"御"字，改成了"嫡"与"金纹挟箱"。这样的改动揭示了毛利氏虽仍旧是武家诸侯一员，但显然已经不再位列受人敬仰的高位。而且随着元治年间新版武鉴的发行，这一信息更会被传得满城风雨。从"长门宰相""松平长门守"到"毛利大膳""毛利长门"这样的强制更名，毫无疑问就是昭示其主人地位下降最直截了当的手段。

针对诸大名向来并无褫夺官位的做法，但这次竟然是幕府向朝廷提的要求。这意味着幕府也承认"官位"并不单单是一种彰显高贵家格的人名，而是天皇敕许之物，有其特别的价值所在。可见，幕末时期武家社会对官位的认知实际上已开始受到朝廷常识的侵蚀。

一新与复古

庆应三年十月十四日（1867 年 11 月 16 日），将军德川庆喜

---

① 大名和部分旗本有资格可以入江户城谒见将军。在拜谒将军时，大名、旗本会按照家格、官位、役职等顺序依次在外等待。此等待的座席位次即"殿席"。

② 即指"嫡子""嗣子"之意。

③ "挟箱"指江户时代武士放置替换衣物及必要日用品的衣箱，一般多由随从背负。"金纹挟箱"则是走在将军或大名家队伍最前列，由着正装的随从挑着的挟箱。一般是一对两个，表面有家纹装饰。

向天皇上表，奏请"大政奉还"。翌日，天皇下达敕许，接受幕府方面的请求。十月十五日、十七日，朝廷向庆喜及一众在京诸侯表明王政复古之意。从实际操作层面来看，要将当时的"诸藩封建"（各地皆由在地领主行使政府职权）政体，以"复古"为目标恢复到"郡县制"（地方官由天皇任命派遣）颇有难度。因此，朝廷向在列诸臣征求意见，希望能在当时仍通行的"大义名分论"① 基础上，摸索王政复古的可行之法。

可见，虽名义上称作王政复古，但是朝廷也深知具体的国家治理不是纸上谈兵，不可能一味地追求复活古制，将国家组织、架构改成像图 3-1 那样的古代官制，甚至是更早的太政官制度。于是在十七日，朝廷下达敕谕："政务之事，虽欲恢复往古之法而实难矣。然当下之政务皆唯以新法，亦不相宜。故欲尽其所能，使之以旧仪也。"也就是说，朝廷认为原封不动地"复古"自然行不通，但是要从头再来，再设一套全新的政治架构也不合适，所以希望可以在古代王政制度的基础上一点点改进。如此这般颇具实现难度的理想，也正是王政复古这样划时代改革的思想基础。就此，新政府在十二月八日发布政令"朝政一新，旧典渐次复古"——明治初年各种社会变化的大前提，就在日本的"一新"与"复古"之间千回百转，两者看似互相矛盾又比肩并起。

十二月九日，朝廷颁布"王政复古大号令"，废除了幕府、

---

① 即江户时代封建社会的伦理思想，其主张深明主从关系的大义，尽臣下之分，保全名分。该思想在幕末成为尊王攘夷运动的有力思想基础。

摄政、关白等可代行王权的制度与官职，成立新政府（其组织机构详见下一章），以王政复古为目标，向国内外宣告日本"御一新"的开始。而王政复古的内核正是"正名论"——构筑"名""实"一致的社会新秩序。

在相当长的时间里，朝廷常识仅适用于偏居京都一隅的公家社会，只是极少数人的观念、想法。然而此时，那些拥戴极少数人的势力竟摇身一变执掌了国家大权。那么自然，朝廷的公家诸臣会以他们所坚持和流连的古代基本常识为标准，一面批判那些"错误"的社会常识，一面高举"正名"大旗，朝着王政复古的理想前行。

一边以"一新"之姿，一扫旧幕府时代的种种陋习；一边又以王政"复古"为理念，尽力恢复诸般古制。一个新时代就此拉开帷幕。而江户时代的人名因与官名有着盘根错节的关联，至此被卷入时代的洪流，即将发生巨变。江户时代两种截然不同的人名常识——朝廷常识与武家、普罗大众的一般常识，在新的时代背景下显然已无法共存于世。而毋庸置疑，朝廷常识已经占据了绝对的优势地位。

一、当主　　文久二戌年十月廿二日
　養子
　但実父太田道灌後胤
　叙爵　文久二戌年十二月二日
　依名　備後守　実名　政挙

一、隠居
　致仕　文久二戌年十二月廿二日

　家督　天保五年十月十二日
　養子
　叙爵　天保五年十二月十二日
　但実父井伊左兵衛督直中
　依名　右近将監　実名　政義
　右之通相違無之候

　慶應四年
　　　辰月廿七日
　　　　内藤備後守

第五章

王政复古拉开帷幕

『诸侯明细书』（1868 年，日本国立公文书馆藏）。

一　官位与职名

梦想如何实现

在王政复古理想的社会中，官名自然是要与运营国家的诸多职务"名"符其"实"，"名""实"一致。但要实现这一梦想，要怎么做呢？

总不至于突然对着禁里的"御执次众"（地下家的口向役人）土山淡路守说，"打今儿起，你就按你名字的意思来，即刻前往淡路赴任"；也不能向大名酒井雅乐头宣旨，"卿既为雅乐寮之长官，那就来朝廷从事音乐工作吧"——真要这么做，只会搅得天下大乱。

当时各地的大名等领主并不按照古代律令制国的行政区划管辖地方。雅乐头也好，大藏省也罢，现实中也不存在这些古代政府机构。再加上朝廷任命国司时，又或者武家官位体系，并不遵从定员限制，仅把官位当成一种荣誉头衔授予，所以像出羽守、采女正这样的官职，现实中就有许多人同时在任。因此，按照当时有的官名——恢复其对应的实际职务——要以这样的形式实现"复古"，显然是无稽之谈。话说回来，这些官名仍然发挥着体现其主人身份地位的重要作用。因此也不能够以"名不符实，不合时宜"为由一下子就禁止其使用。这也是横亘在新政府面前的真实情况。

就此，明治新政府一边直面"以官名为名"的现实难题，动足脑筋；另一边则另起炉灶，试图以重建国家及政府各机关的职位和组织架构（职名、职制）为起点，找到一条新的解决之道。

新政府职制的登场

庆应三年十二月九日（1868 年 1 月 3 日），作为新政府登上历史舞台的第一场亮相，朝廷颁布新设总裁、议定、参与三大职务。这也预示着新政府正在按部就班地重振运营古代国家的太政官制度。从该日起到庆应四年一月十七日，新政府决定将国家诸事务划分给七部门管辖（即"三职七科制"，图 5 - 1）。二月三日，新政府再将"七科"改组成"八局"（即"三职八局制"，图 5 - 2）。

三职中地位最高的是总裁，由有栖川宫帅炽仁亲王（其中的"帅"字乃太宰帅的略称）担任。

其次是议定，由山阶（山阶宫）常陆太守晃等亲王、中山前大纳言等公卿（堂上家自此时起全部被统称为公卿）、尾张大纳言等部分参与幕末政治运动的"诸侯"① 担任。

而参与则由西园寺三位中将等公卿，以及萨摩藩的西乡吉

---

① 江户时代的各藩藩主、各地大名。

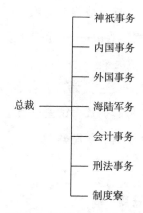

图 5 - 1　三职分课（七科）

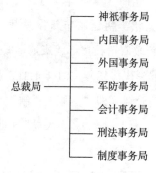

图 5 - 2　三职八局

之助、土州藩①的后藤象二郎等一众藩士担任。其中，受新政府雇用并担任役职的藩士又作"征士"。参与设置之初，出自公卿的参与被称为"上参"，出自征士的参与被称为"下参"，以此区分。另外自出台七科制起，新政府还另设"副师"（即日后"副总裁"一职，图 5 - 3）。

———————

① 土佐藩的别称。

七科制主要由议定来兼任各部门领导职"总督"（如外国事务总督）。实际业务则由下参负责，称作"挂"（如外国事务挂）。例如，议定仁和寺宫任、岩仓前中将、萨摩少将兼任海陆军务总督，而参与广泽兵助与西乡吉之助则兼任海陆军务挂。

图 5-3　三职及相关人名

说明：下参虽然同样身为参与，但比起公卿、诸侯不仅少了敬称，人名也只是用小字载于诸藩下方。①

资料来源：『雲上便覧大全』、慶応四年二月頃。

在"八局制"中，总裁局除总裁、副总裁外，另设辅弼、顾问、弁事等职。各局之下还有督、辅、权辅、判事、权判事等职。督、辅、权辅类似长官、次官，故皆由议定与上参担任；判事则相当于古制中的判官，由原先七科制中的"挂"职人物担任。就任判事的诸多征士，如大久保市藏（利通）、福冈藤次（孝弟）都是日后推动明治新政府工作开展的主力人物。但在此时，领导职位仍旧为亲王、公卿和部分诸侯所占据。

官名与职名并行于世

八局制所设督、辅等职，语感上接近官名，但仍旧只能算是一种职名，与江户幕府所设"町奉行""大目付"等役职并无二致。因此，就算"细川右京大夫"受任"议定职，刑法事务局

---

① 前两图为议定，后两图为上参和部分下参。

辅"，但其官名"右京大夫"并不会就此变动，仍旧是"细川右京大夫"。而职名并非官名，不会被拿来作人名使用，所以不会出现"细川议定"或者"细川刑法事务局辅"这样的情况。

换言之，"细川右京大夫"中的官名是"右京职的长官"（管辖平安京右京之市政），实际上的职务是议定与刑法事务局辅，依然有些不伦不类。但在这一时期，官名与职名还是两个完全不同的事物。

而且当国家的各个新部门、新职务公布后，直到明治二年七月，朝廷仍然没有停止新的官位叙任。以公卿三条前中纳言（即日后的三条实美）为例，庆应四年二月朝廷任其为权大纳言，四月任左近卫大将，五月任右大臣；再如长谷美浓权介，明治元年十二月被任命为少纳言；而岩仓前中将庆应四年二月受任右兵卫督，明治二年正月任权大纳言，诸如此类。以上诸位人物在这段时间里还分别就任外国事务总督或副总裁等七科制、八局制中的各种职务。

与幕府时代相同，这一时期的特点便是官名与职名并行于世（图5-4）。

七官制

庆应四年闰四月二十一日，新政府废除八局制，以新颁布的"政体书"为准，再度改组国家各部门架构，推出"七官制"（图5-5）。新政府将中央政府总称为太政官，旗下设议官等七官分掌诸部门。

其中，议政官相当于立法机构，分上、下两局。上局设议

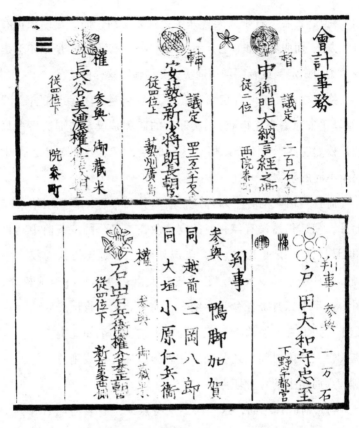

图 5 - 4　八局制会计事务的部分内容（庆应四年三月前后）
说明：上图为八局制下新政府雇员的部分名单。
资料来源：『雲上便覧　御役之部』、慶応四年三月。

定、参与等职。从来三职之中的总裁随七官制改组而废止。议
定于是成为七官制中政府的最高职位。

行政官，即政府的中枢组织，其下设辅相（由议定兼任）、
弁事、权弁事等职。其他五官则在行政官的指挥下承担各种实
务，与原先八局制中的"局"类似。各官的下级机构称作

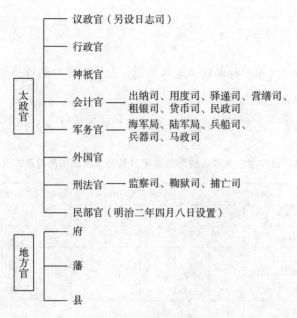

图 5-5 政体书"七官制"

说明：最初只设有议政、行政、神祇、会计、军务、外国、刑法等七官，后又追设弹正台、民部官等机构。

"司"，如"出纳司"。

除议政官、行政官外，对标古制中的长官、次官等概念，各官分别设有知官事、副知官事、判官事、权判官事等职；而各司则设知司事、判司事、权判司事等职。职名由"部署名+知事"或"部署名+判事"这样的形式构成，如"外国官知事"或"出纳司判事"。

明治初年，新政府的职制更改变化之快令人眼花缭乱，而随着七官制的推出，终于暂告一段落。这个新制度一直持续到明治二年七月八日。也就在这段时间里，日本在庆应四年九月八日改元，自此进入明治时代。

官等的设置

相比三职七科制或三职八局制，七官制最大的特点就是给每个职务设置了"官等"。官等从一至九，分成九等。如知官事是一等官，而副知官事则为二等官，以此类推（表5-1）。

表5-1　政体书"太政官制"的官等（截至庆应四年闰四月二十一日）

		一等官	二等官	三等官	四等官	五等官	六等官	七等官	八等官	九等官
议政官	上局	议定	参与			史官			笔生	
	下局			议长						
行政官		辅相		弁事	权弁事	史官			笔生、官掌、守辰	使部
神祇官、会计官、军务官、外国官、刑法官		知官事	副知官事	判官事	权判官事		一等译官	书记 二等译官	笔生 三等译官	译生
各司						知司事		判司事	权判司事	
府			知府事	判府事	权判府事					
藩										
县					一等知县事	二等知县事	三等知县事、一等判县事	二等判县事	三等判县事	
军务官陆军局、海军局		一等陆海军将	二等陆海军将	三等陆海军将						

注：译官为外国官专属的职名；此时"藩"职并非由中央政府直接任命，故未设官等；日后还另设有录事（六等官）等职。

资料来源：『法令全書』、1873。

154

这种职务等级与历史上的官位没有任何关系，它是明治政府试图打造标示职官序列的官等，并以之为基础创设新秩序。譬如明治元年末，官员参加传统的朝廷仪式及新年祭典时需要穿礼服正装，新规规定三等官以上有官位者着衣冠①，无官位者着直垂②；四等、五等官着直垂，六等官及以下者着"麻上下"③。另外，新政府还颁布了依据官等秩序对赐予官员的宅邸大小施加限制等诸多新规。

至此，社会上出现了两种官制体系并存的情况："官位－位阶"体系，以及基于新职制而设的"职名－官等"体系。然而新制度的到来不但没有解决问题，反而引起了更多的麻烦。

官等与官位秩序的冲突

明治初年，日本出版发行了以《官员录》《职员录》为标题的新政府官员（官吏）名单。书里记载了如行政官辅相三条右大臣、议定兼外国官副知事东久世中将等人名。七官制既出，自然不再与官名系统混淆，以职名单列示人。

图5-6上图乃明治元年十月前后，《官员录》所载部分军务官知事、副知事（包括准知事）的名单。其中四位副知事长冈左京亮、有马中务大辅、大村益次郎与久我大纳言，人名并排而列，字体大小也一模一样。他们无论哪一位都是参与兼任军务官副知事的二等官，故以职务等级而言，四人皆平级。

---

① 贵族男子的略式朝服。
② 武士礼服，方领、无家徽、有胸带，袖口有袖扎。
③ 麻布质地的"裤"，江户时代武士与庶民的常用礼服。

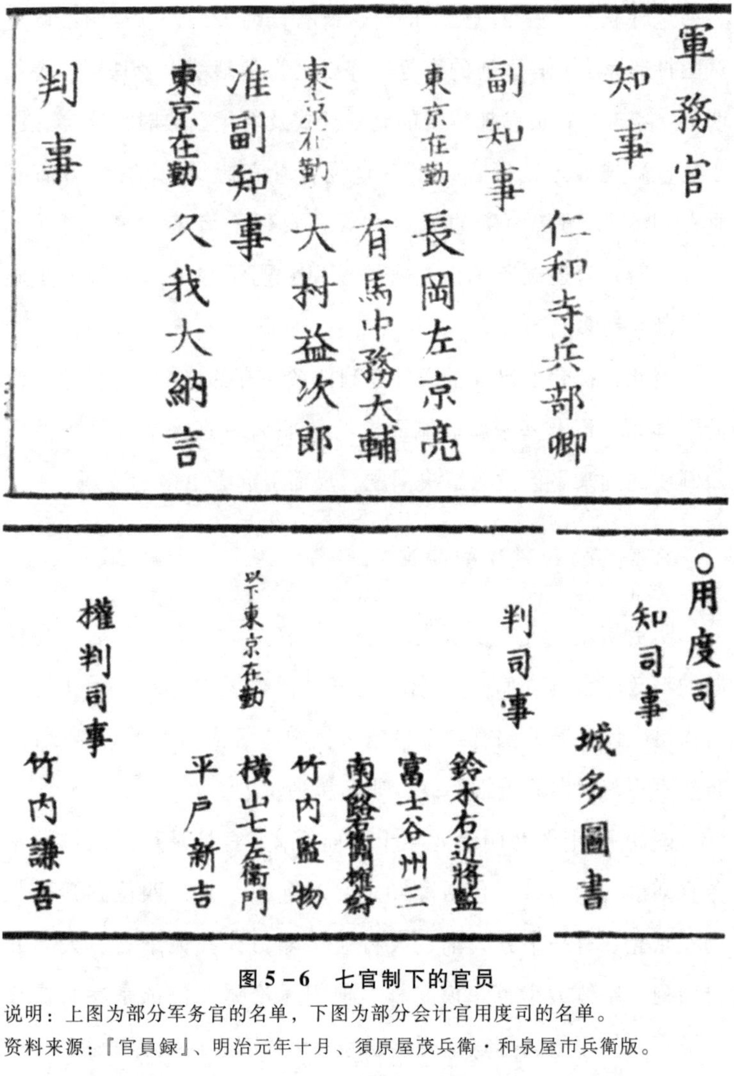

軍務官
知事 仁和寺兵部卿
副知事
東京在勤 長岡左京亮
有馬中務大輔
東京在勤 大村益次郎
准副知事
東京在勤 久我大納言
判事

○用度司
知司事 城多圖書
判司事 鈴木右近將監
富士谷州三
南大路左衛門権尉
竹内監物
以下東京在勤 横山七左衛門
平戸新吉
權判司事 竹内謙吾

图 5－6 七官制下的官员

说明：上图为部分军务官的名单，下图为部分会计官用度司的名单。

资料来源：『官員録』、明治元年十月、須原屋茂兵衛・和泉屋市兵衛版。

然而若从官位体系来看，久我大纳言是正三位的公卿，长冈左京亮与有马中务大辅则是从四位下的诸侯，大村益次郎更是无位无官的征士。这三类不同的人名要是放在江户时代绝对不会并排而列，但《官员录》的编纂标准因为采用了"职名－官等"体系，所以才会将诸人并排列在一块。

而以"职名－官等"优先，就不免与"官位－位阶"体系发生龃龉。譬如在图5－6的下图中，会计用度司的长官知司事城多图书乃无位无官的征士（水口藩士）。但他的部下，如判司事铃木右近将监（地下，从五位下）出自有位有官的地下家。于是，无视官位只以职等（职名－官等）来任命官员，就会出现明明官位较低，却反而做了领导去指挥那些官位较高者的情况。另外就是官位不同之人混为一谈，并排而立，便使得世人无法再通过人名来判断对方的社会地位了。这岂不是反而加剧了名实不一、名不符实的状况。因此，无论是对当时的官位体系也好，还是一般的社会常识也罢，这种因制度设计而产生的"互相矛盾"已经成为王政复古社会无法置之不理的大问题。

混乱的序曲

官名做人名时，被运用在公私各种场合具有明示人名主人社会地位的作用。通过这样的人名，观者可以大致了解、推测出使用者的尊贵身份，是为常识。但职名只是头衔，与官名不同，没有体现其拥有者身份、地位的功能。

那么，"广泽兵助"和"浅井伊予介"，哪个人名更尊贵呢？从官名来判断的话，毫无疑问是后者。这是江户时代以来一贯的常识。"兵助"只是一般通称，而"伊予介"是必须经由敕许才能获得的正式官名。然而，以明治元年十月前后两人的官位和职等来看：

广泽兵助：无位、无官/参与（二等官）

浅井伊予介：正六位上、伊予介/行政官守辰（八等官）

以官位来看，浅井要高于广泽；但以职等来看，广泽却远远甩开了浅井一大截。而像这样"官不配职"的乱象，在当时比比皆是。

引发这一问题最直接的原因，是无位无官的征士"硬生生地闯入了"原本由官位秩序构筑的朝廷、诸侯之世。征士是诸藩藩士，也就是幕府时代的陪臣。他们虽无位无官，却被新政府任命为政府高官的参与之职。尽管他们在新政府中身居高位，人名用的却是一般通称或者仿官名，如后藤象二郎、岩下佐次右卫门、辻将曹、十时摄津等。这样一来，"以名示人"的作用就失效了。而在当时人看来，人名就应该反映使用者的身份、地位，对此必须予以纠正——明治初年围绕人名的"混乱大剧"拉开了帷幕。

征士的叙位

征士无位无官，自然不可。他们既然作为"朝臣"就任政府的高官，那么就应被赐予相应的官位。七官制颁布的庆应四年闰四月二十一日以降，新政府为任二等官职的征士叙从四位下，任三等官职的征士叙从五位下之位阶。只叙位、不任官是此次叙任的特别之处。虽然以武家官位中的诸大夫与四品来说，可任其以"某某守"之类的官名，但是朝廷考虑到像"大和守"这样的官名与这些征士的职务毫无瓜葛，万一以后行政区划再发生变更，反而给亟待解决的"名不符实"问题带来额外负担。

叙位后，这些征士能以位阶为人名，如三冈八郎变为"三冈四位"，中根雪江变成"中根五位"，大隈八太郎改成"大隈五位"。位阶成了他们的新人名(通称) (图5-7)。

图5-7 从"大隈八太郎"变成"大隈五位"
说明：明治二年一月，"大隈五位"又变成了"大隈四位"。
上图为庆应四年三月颁发给大隈八太郎的辞令书（部分），下图为八月颁发给大隈五位的辞令书（部分）。
资料来源：早稻田大学图书馆藏。

即便在江户时代的朝廷社会，地下家在以官名为名时，都会省去位阶中的"正、从、上、下"。因此征士人名中"某某五位"的形式也沿袭了该惯例。顺便一提，有部分学者也作为征士就任新政府之职。其中少部分人无官受叙六位，如"平田六位"或"中沼六位"等。

新政府试图通过对征士叙位，并使其以位阶为名的方式，一边修正"名不符实"的社会现状，一边又可以向天下明示诸士朝臣的身份。然而事情的发展并没有如朝廷预想的那般顺利。

有位者与辞位者混同

随着征士叙位政策的推出，新政府中陆续出现了一批以"某某五位"或"某某四位"这样用位阶做通称称名的官员。但并不是所有人都心甘情愿接受朝廷下赐的叙位，所以又涌现了诸多辞位者。这真的出乎了旧朝廷势力的预料。

征士本是各藩藩士，许多人出于自己与母藩之间关系的考量，非常抵触在位阶上与藩主（诸侯）拥有相同的品级，故而频出不愿受叙的例子。于是就如图 5 - 8 所示，同职的征士有些人接受了朝廷的叙位，以"三冈四位"称名；而辞位者自然无位，所以仍旧继续以原来的一般通称，如"后藤象二郎"为名。这就导致有位者与辞位者混杂一处。

这样一来，人们又无法通过人名来判断其主人的身份、地位了。再就官位秩序而言，三冈四位显然不能再与后藤象二郎并肩同列。那么，新政府是否会在待遇上差别对待受位者与辞位者呢？似乎话题开始变得越来越复杂了。

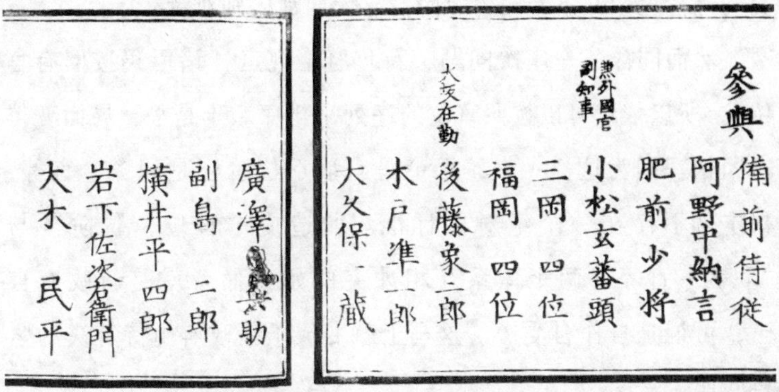

參與
備前侍従
阿野中納言
肥前少将
兼外國官副知事 小松玄蕃頭
三岡四位
福岡四位
大坂在勤 後藤象二郎
木戸準一郎
大久保一蔵
廣澤兵助
副島二郎
横井平四郎
岩下佐次右衛門
大木民平

图 5－8　征士的叙位

说明：出自萨摩藩的征士小松带刀本已辞去从四位下，但他在明治元年九月任职外国官副知事之际，以无位的身份被任官“玄蕃头”，因此此后便以“小松玄蕃头”为名。这几乎就是二等官征士，无位却有官的唯一例外了（玄蕃头在古代律令制中是接待外交使节机构的头目，而小松带刀此时任职“外国官”，会不会因为这个关系所以任官于他）。不过，当时玄蕃头在朝廷官位体系（玄蕃头定员一人）中已经有人担当，并无空缺。此人是堂上德大寺家的家臣，从五位上物加波玄蕃头（姓名为藤原怀要）。而同一时期，以武家官位体系（员外）为基准，另有一人因任官改名成了田沼玄蕃头（诸侯）。因此小松玄蕃头应该与后者的情况相同。

资料来源：『官員録』、明治元年十月。

官等与位阶

朝廷“征士叙位”的这一举动难言深谋远虑，更像是头痛医头、脚痛医脚的急策。不得不说，新政府不但没有解决问题，还自己给自己增添了造成人名混乱的又一要因。

明治元年十月二十八日，行政官决定三等官及以上的征士在座次顺序上“无论位阶有无，按就职先后排序，先任职者座上席”。换言之，“三冈四位”与“后藤象二郎”皆为参与，享受同等待遇，并不会因为位阶的有无而被区别对待。

然而同样还是座次问题，新政府也规定"诸臣仍按旧有官位"，所以依然可以按照官位的序列来排序。于是乎，局面变得一团糟。因为这样一来，无论是官职、位阶还是职务、官等，根本就不存在一个绝对的标准。而造成"官位－位阶"与"职名－官等"两个体系互相冲突的始作俑者就是新政府自己，可说是自作自受了。这马上就变成了新政府亟待解决的紧要问题。

而且特别让新政府头疼的还有那些受任下级官员的朝廷地下家。他们在江户时代就已经叙位四至七位，而因官位相当，其所任之官听上去又显得特别夸张，如小幡大和介、福井右马大允之类。如只看其名，想必是位响当当的大人物，可实际上他们在新政府中所任之职，大概不是"笔生"（比书记级别还要低的下级官员，负责抄写、记录工作）就是"守辰"（负责通报时间的下级官员）之类，都是最低级的八等官小吏。

于是，刑法官里级别最次的笔生"赤尾左卫门权大尉"位列从六位上，而他的上司判官事（三等官）"土肥谦藏"却是无位之征士（其原为从五位下，后辞位）——这样的状况，就当时人的常识观念来说，真的需要花一点时间才能消化。面对这样的紧迫局面，新政府立马推出了暂时性的改良方案。

五等官以下停用官位

明治元年十一月八日，行政官对任职五等官以下的地下家诸人下达"在职者返还官位"之命。就此，从六位上的赤尾左

162

卫门权大尉，在其任职笔生期间就必须放弃"从六位上"的位阶，同时不再以"左卫门权大尉"为名。针对这一命令，行政官给出的理由是"在职公干，而以从前爵位相称，于官等成何体统"。看来新政府也不再遮遮掩掩，其真实目的暴露无遗。

然而返还官位不就意味着无罪却要被褫夺官位——因此，后面的实际做法是可以继续保有官位，但是在任职期间必须使用官名以外的人名。因为问题还真不在官位，而在于明明身居低职，却以非常唬人的官名为名。行政官命符合条件者自行决定替换作为通称的官名，并在两天后提交申请。毕竟这也不是处罚，所以没有像当年毛利大膳案那样，无视本人意愿强制删去下司为其更名。众人还是有权选择自己的新人名。

那么，该如何改名呢？大致有以下四类（另可参见表 5-2）。

A. 删除下司，变更为国名或百官名，如入谷骏河守→入谷骏河。

B. 变更为与原官名完全没有关系的百官名，如能势摄津介→能势隼人。

C. 变更为完全不同的通称（除百官名以外），如小森缝殿大允→小森清。

D. 用实名来做通称，如桥本左近番长→桥本政恒。

改名者的选择基本集中在 A、B、C 类。A 类方法和官位褫夺的手段类似，所以看上去也是最便利的方法。而 D 类，即实名也能做"通称"的方法，在明治元年十一月的时间节点非常罕见，仅有一例。对此我们要略加留意。

表 5－2　明治元年十一月公布的改名人员汇总

人名		备注	
改名前	改名后	位阶	姓名
入谷骏河守	入谷骏河	正六位下	源昌长
峯大藏少丞	峯大藏	正六位上	纪孟亲
石川内舍人	石川要人	正六位下	源有德
能势摄津介	能势隼人	从七位下	橘赖常
浅井伊予介	浅井直也	正六位上	和气惟纯
垣内尾张介	垣内尾张	从六位下	大江匡盛
三上越前守	三上登	从五位下	秦武应
河合右近番长	河合光造	无位	平雅有
小森缝殿大允	小森清	从六位上	和气政德
藤木左近番长	藤木三郎	无位	秦常久
桥本左近番长	桥本政恒	无位	源政恒
富岛左近将曹	富岛勘十郎	正六位下	源元起
茨木左兵卫大尉	茨木左兵卫	正六位下	平重丽
吉村左卫门大尉	吉村左卫门	正六位上	平高厚
木村东市正	木村东市	从四位下	源重辰
铃木右近将监	铃木松菊	从五位下	纪宗城
南大路右卫门权大尉	南大路坦	正五位下	贺茂维显
三泽右近番长	三泽八郎	无位	源为淑
中川右近府生	中川讷藏	从六位上	源意直
福井右马大允	福井浩藏	从六位下	源正国
五十川左京大进	五十川央	正六位上	藤原久美
初川右兵卫尉	初川信彦	正六位上	藤原信克
赤尾左卫门权大尉	赤尾左卫门	从六位上	平可功

人名		备注	
改名前	改名后	位阶	姓名
小幡大和介	小幡大和	正六位下	藤原德常

注：参考了史料中明治元年十月的情况，列举的皆为可确定的改名者。另外，"某番长"指近卫府的"等外官"（即四部官的下一级官名）。

资料来源：『官員録』、明治元年十一月、十二月、明治二年二月、早稻田大学图书馆藏；『旧官人名録改』、明治二年二月、日本国立公文书馆藏；『職務進退録二』、明治元年六－十二月、日本国立公文书馆藏。

至此，五等官以下的地下家人之"名"也终于变得同一般征士一样了。不过这最多只是救急之策。到此时为止，新政府种种举措仍旧受江户时代人名标识身份这一常识所左右。因此，根本问题一个都没能解决。

二 武家官位的命运

褫夺与复旧

让我们再把时间倒退一下，回到自王政复古到废除七官制的明治二年七月，看看这一时期武家官位体系发生了何种变化。

就在新政府颁布《王政复古大号令》的前一日（庆应三年十二月八日），朝廷下达了针对毛利大膳父子及其分家的"官位复旧"（敕许其恢复到原来所任官位）令。这位自元治年间以来被迫"改名"为"毛利大膳"的人物，终于拿回了自己本来的人名"长门宰相""毛利大膳大夫"（称号"松平"授自德川氏，而此时已经不再需要了）。

同一日朝廷还下令，恢复在"文久三年政变"中遭到官位褫夺，并被流放离京的诸公卿的官位。不过诸公卿所任之官皆为朝廷官位体系中的京官。如本书第三章所述，这些官位皆有定员限制。就在他们被褫夺官位期间，原先的官位有些已经被别人叙任了。而朝廷官位又不如武家官位那么方便，可以用"员外"之法"复旧官位"。因此朝廷当时的做法是先恢复位阶，然后人名以"前官"称。当然朝廷也答应，等众人回到京都后，若有阙官，或者有了新官名，就会马上赏赐给他们。

　　而递交到那些公卿手上的朝廷文书，上面所列人名如"三条实美""四条隆謌"之类，形式上皆由"称号＋实名"构成。这些都是只有在特殊时期才得以一见的奇特人名。诸公卿在幕末时期被剥夺了"中纳言"或"侍从"这类官名，但高位者的官名并非删除下司，而是以实名代之。他们在得到"官位复旧"的敕许后，以前官称，如"三条前中纳言"或"四条前侍从"这般，从而拿回了自己的"人名"。至此，那些曾受幕府所迫而遭朝廷官位褫夺的公卿、诸侯，便以"复旧人名"的方式向天下宣告他们的回归。

从德川内府到德川庆喜

　　江户时代，朝廷称德川将军为"大树"①。这一称呼来自其

---

① 　据传来自东汉大将军冯异。冯异协助刘秀创建东汉，为刘秀的偏将军。在多年的行军作战中，冯异为刘秀建立东汉王朝立下汗马功劳。但冯异谦逊，诸将并坐论功，他常避于大树下，被誉为"大树将军"。"大树"由此得名。

唐名，故而在将军受任大臣时也会将其称作"大树公"。最后一任"大树"乃德川庆喜。他在大政奉还之际辞去征夷大将军之职，不过仍保留了正二位内大臣的官位。自此以后，朝廷便称他为"德川内府"［内府为"内大臣"的唐名，读作"daifu"（ダイフ）］。

然而庆应四年一月三日，鸟羽、伏见之战爆发。德川内府摇身一变，"高举叛旗"，成了朝廷的"朝敌"。七日，朝廷发布"庆喜讨伐令"，他的名字也在此时变成了"德川庆喜"，或者就单单叫作"庆喜"。

十日，新政府颁布政令，剥夺德川庆喜及其一众"党羽"的官位。遭到官位褫夺的有奥州会津、势州桑名、讃岐高松、予州松山、备中松山、上総大多喜6位诸侯。还有包括若年寄、大目付、目付在内的20名幕臣（旗本），如永井玄蕃头、户川伊豆守、榎本对马守等。

幕末以来，但凡"朝敌"必遭官位褫夺。而开此例的始作俑者就是德川氏自己。当年幕府借朝廷的"解官"之手处罚了长州毛利氏，如今却是搬起石头砸了自己脚。对毛利大膳大夫等人来说无疑是"大仇得报"。因此自然，我们同样可以在当时发行的武鉴上发现这段历史。

在庆应四年出版的《御国分武鉴》中，6位被褫夺官位的诸侯中，除四月归顺官军的讃岐高松大名松平讃岐守外，其余5人的信息仅保留了"桑名"之类的地名，剩下的项目全部遭到涂黑（图5-9）。

鸟羽、伏见之战后，日本的内战仍未停歇，并逐渐扩大为

历史上赫赫有名的"戊辰战争"。战争一直持续到明治二年五月
十八日才画上休止符。在此期间所有抵抗新政府的东北诸藩藩
主依次遭到朝廷官位褫夺的处罚。

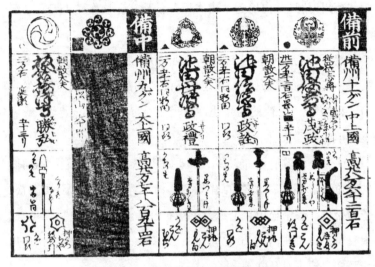

图 5 - 9　因官位褫夺而遭涂抹之处

说明：在备中松山板仓伊贺守（胜静）的条目中，其个人信息除了板仓氏的
家纹，只残留了"松山　六十四里①"（从松山到京都的距离）几个文字。剩下
的会津藩等众人也遭到了同样的对待。

资料来源：『御国分武鑑』、1868。

图 5 - 10 所示乃当时出版的《列藩一览》（诸侯名鉴）。其
中，会津藩大名"松平肥后守"被改为"松平肥后"；仙台藩
大名"伊达陆奥守"被改成"伊达陆奥"；而米泽藩的"上杉
弹正大弼"则变为"上杉弹正"。他们都被强制从"人名"中
删去了"守""大弼"等下司，再以此为名。不但如此，在此书

---

① 里，江户时代长度单位之一，1 里约为现在的 3.9273 千米。

中，连他们的石高、官位等相关信息也都被删除得一干二净。新政府正是要通过这种方式让天下人都看看那些"朝敌"的"悲惨下场"。

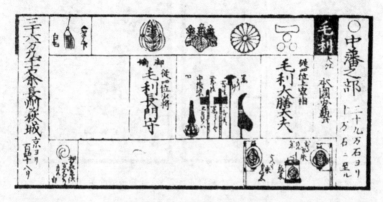

无任何删减之例（毛利大膳大夫之项）

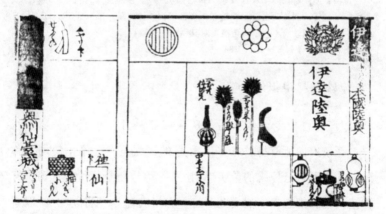

被改名为"伊达陆奥"的"伊达陆奥守"（连官位、石高①都遭删除）

---

① 石高制是江户时代以法定土地米谷产量为基础，确定农民年贡与诸役的负担量，以及领主封地大小、俸禄多少与军役负担量的制度。

被改名为"上杉弹正"的"上杉弹正大弼"（同样被删除了官位、石高）

图 5 - 10　《列藩一览》所见官位褫夺

说明：新政府在同年八月发布"伊达陆奥""上杉弹正"讨伐令。该政令发布后，迅速传达到该两名藩主领地相毗邻的藩国。《列藩一览》将其石高等信息删除，就表示新政府不再承认该藩主对其领地的管辖权。

资料来源：『列藩一览』、1868。

"姓名"申报的开端

"庆喜讨伐令"颁布后的庆应四年一月二十七日、二月八日，新政府向所有持"松平"称号的诸侯下令，停止使用该称号，并用回自己原来的苗字。"松平"称号原是德川将军赐予有力诸侯的特别恩典。然而此时将军德川庆喜乃"朝敌"，所以新政府的这项命令除了表示德川氏的权威已一落千丈，各大有力诸侯皆以"松平"称之，在辨识度上也有其局限。当然，原来苗字就是松平的就不用改了（事实上也有一部分松平苗字的大名做了变更）。

德川氏江户开城两天后的四月十三日，新政府为掌握各诸侯的基本情况，要求他们申报载有人名信息的明细书须注明当主、隐居者、嫡子、庶子的叙爵年月、俗名、实名等内容。然而，因为在人名问题上新政府只要求上报"俗名""实名"两项信息，各诸侯只能按照他们所理解的"字面意思"进行申报，所以提交上来的明细书的样式五花八门（可参考日本国立公文书馆藏，庆应四年四月《诸侯明细书》）。

像永井肥前守等少数大名，因为了解朝廷的人名常识，知道何为"姓名"，所以在申报时递交的是"实名大江尚服"。而大多数的大名要么写成"俗名三二郎""实名征世"（建部三二郎），要么写成"俗名一柳对马守""实名木德"（一柳对马守）。在这些诸侯看来，武家所谓"俗名"就是包括官名在内的各类通称，而"实名"便是名乘。以本书第一章所述武家及普罗大众的常识来说，大名在申报时会这么写也是理所当然。

不过在朝廷常识中，"姓名"才是真正的人名，所以希望能够了解、掌握各诸侯的"姓名"。因此新政府在十月二十三日再次向各诸侯发布了申报命令。这次新政府为了能够统一书写格式，下达了明确的指示，要求他们在申报人名信息时，按"氏（苗字）、通称、姓、实名"的格式填写。

这也是为了实现王政复古，新政府把"姓名"作为人名的正式标准做出的首次尝试。

肥前少将与锅岛少将

至明治初年，位列侍从以上大名的人名，除"毛利大膳大

夫"那样"苗字＋官名"的形式外，还有如"长门宰相"这般
"领地名＋官名"的体例。两者皆可以做人名使用。因此在各诸
侯四月提交的明细书上，有申报了两个人名的例子。如金泽藩
藩主提交的就是"加贺宰相中将庆宁"与"受领名　前田加贺
守"。也有如冈山藩藩主这般，明细书上虽然只写了单名"池田
备前守"，但是在他同日提交的其他申请书上使用的人名是"备
前侍从"。一人多名，而哪一个人名更符合其平日的使用习惯，受
各种各样的因素所影响，并无标准。

十一月十九日，行政官发布通告，命"各诸侯之姓氏，从
来皆以国名、所名代姓名。从今往后皆须以本姓（本来的苗字）
称之"，即此后在人名中不再使用律令制国名或古制的官署名，
而是全部统一为"苗字＋官名"的表记形式。需要注意的是，
此处的"姓氏""本姓"实际上指的都是"苗字"。明治初年，
人名各部件的称呼依然杂乱无章，延续了江户时代以来的风气
（图 4－1）。

以该通告发布后的《官员录》，或当时的《太政官日志》
（即日后的《官报》①）来看，以往"领地名＋官名"类的人名
的确全都改成了"苗字＋官名"的形式。如"土佐中纳言"变
成"山内中纳言"，"尾张大纳言"成为"德川大纳言"，"肥前
少将"则变为"锅岛少将"，诸如此类。就此，"领地名等＋侍
从及侍从以上官名"这一武家社会惯用的人名形式成为新时代

---

① 《官报》是日本政府的机关报，是日本政府唯一的公布国家法令和有关行
政事项的官方出版物，1883 年创刊，由日本国立印刷局印刷发行。

第一个从人名世界中被剔除的对象。

武家官位仍然保留

这一时期，诸侯仍旧保持原先各自的武家官位不变。明治二年七月前，武家官位与新政府职名体系并行，朝廷也一直在对各诸侯及其嗣子授予新的叙任。

譬如下野黑羽藩藩主大关泰次郎，明治元年十一月叙任从五位下美作守，就此变为大关美作守；三河冈崎藩藩主本多平八郎则在明治二年二月叙任后改名为本多中务大辅。这些诸侯的叙任都授自新政府，而包括改名在内的诸多规则却沿用了武家官位体系的惯例（可参考日本国立公文书馆藏《东京官中日记》《官中日记》，日本国立国会图书馆藏《太政官日志》）。

此外，武家官位中的"侍从"等京官官职依然与朝廷官位体系不同，叙任时不受定员限制，所以直至最后，公、武两大官位体系也没能走向统一。唯一不同的是，江户时代武家官位的叙任必须经由德川将军家，而进入明治时代后，朝廷（新政府）则全权掌握了武家官位的叙任权。

这一时期还出现了一些江户时代未曾有过的新官名。明治元年十二月七日，新政府将古代行政区划中的陆奥国划分为陆奥、陆中、陆前、岩代、磐城五国；出羽国则被一分为二，变为羽前国和羽后国。古来叙任官名"出羽守"的大名、旗本颇多，但分国之后，出羽国不再存世，并就此诞生了两个新官名"羽前守""羽后守"。此二官名极为罕见，因为它们只在明治元年十二月至明治二年七月的短短 7 个月内出现过。任官者有菊间藩知事水野羽后守（原名为水野出羽守，后改为羽后守），高取藩知事植村羽前守（因继承家督而得赐叙任）等数人。

而武家官位中的陆奥守，原本按例由仙台伊达氏独占，其他诸大夫不予授任。但这一时期受戊辰战争的影响，伊达龟三郎以冲龄坐上家督之位，却并未叙任陆奥守。此后似乎也未见"陆中守"这般因陆奥国分国而出现的新官名。

旗本的官位及其整顿工作

另一边，旧旗本的处境却与诸侯大相径庭。新政府早就对他们虎视眈眈，故而新时代便开始着手整顿旧旗本的武家官位。

明治元年五月三日，新政府接纳了那些脱离德川氏并归顺朝廷的旗本，允许他们成为朝臣。同时，新政府根据旧旗本原来的身份、地位将其分成三类，重新规划、安排其所领土地的支配权。新出台三类划分法分别为中大夫（原高家、交代寄合）、下大夫（原寄合、知行千石以上者）及上士（知行千石以下、百石以上者）。至于他们原来的官位，新政府给出的指示是"限其人可照旧"，即保留原状不予以褫夺。

此时德川氏宗家（德川龟之助）以静冈藩 70 万诸侯的形式得以续存。然而就在五月底，新政府下令废止德川宗家所有家臣（旧旗本）的官位，因此侍奉于德川龟之助左右的平冈丹波守被改名为平冈丹波，川胜备后守变成了川胜新藏，服部筑前守成了服部绫雄，而河津伊豆守则变为了河津伊豆（《幕末御触书集成》）。

随后，新政府更是在明治二年一月五日发布通告，削去全部下大夫及其以下级别旧旗本的官位。虽然这就是赤裸裸的官位褫夺，但身为旧幕臣的他们也不敢有任何异议，就此成为新政府"官位修正"之策最先下手的对象。通告发布后，下大夫与上士并不能随意选择其他通称为名，而是如下大夫高木伊势守改成"高木伊势"，或池田右近将监改为"池田右近"那般，似是被要求一律将自己名中的下司删除后再做名使用。

于是在新政府一连串整顿措施执行完毕之后，社会上仍旧拥有正式官名的只剩下了堂上家、地下家、各诸侯、中大夫及部分神职人员等。明治二年二月四日，在整合、汇总了朝廷官位与武家官位两大系统的基础上，新政府针对堂上家、诸侯及其嗣子15岁元服时的初叙初官，发布了另一套新的叙任规定。

森有礼的提案

话分两头，再提一事。明治二年四月七日，军务官判事森金之丞（即日后的森有礼）向明治初年新政府设立的议事机关公议所提交议案。森金之丞的提案围绕"古来，人名有通称、实名"两说展开。

森金之丞素来主张日本应"快速西欧化"，为此还颇有些"走火入魔"。因此对于日本的人名问题，他也与当时社会上的常识观念背道而驰，认为人名的存在就是为了与他人区分，辨别各人，所以通称与实名，即两种不同的人名并行于世实在令人匪夷所思。而且通称"多由官名而来"，以官名为名本身就不适合，特别像"大隈四位"这样"以位做通称"之人名极易发生"同姓同位者"的混乱。就此森金之丞提出两点：①应禁止以官位为通称；②应禁止世间一般的所谓"通称"，只以实名作为人名使用。另外，森金之丞还补充道，通称有时候长达五六字，实为烦琐，理应废除；而人名要简洁明了，就应选择多是一两字的实名，以此为名，并推广到全社会。因此他的提案又被称作"通称废止论"。

上述两点提议，①在江户时代便多有讨论，也大致上得到了公议所的支持；至于②，森金之丞或许就有些先入为主了，许多人认为他思考该问题的前提存在偏差。因为直至当时，普罗大众，尤其是庶民只以通称为"人名"使用，甚至都没几个人拥有实名(《农工商等古来皆无实名》)。若是只以实名为名，原来的武士及其以上身份者倒还好说，让庶民弃通称代之以实名就有些不切实际了。因此公议所多数人在②上持反对态度。其实只要考虑到当时社会的一般常识，该提案只能是曲高和寡。

在综合了上述反对意见后，四月八日森金之丞再次提出了修正提案。内容如下：

①原来的武士以上身份者，废通称，改实名做名。

②庶民的人名暂时维持原样，待日后再议。

③废除以官位做通称。

④在位在官者，将官位置于人名之上（不再将官位写在原来通称的位置）

无意义的提案通过

森金之丞的修正提案最终得到了公议所半数以上的赞成通过。

然而，虽然成立公议所的本义在于"广开言路，谏鼓谤木"，但是政府鲜有将其中议题落实的先例。森金之丞的提案也遭遇了相同的命运，政府首脑对此视若无睹，此后也未出现过任何与该提案有关的举措。不过，如果此时就能预见明治五年最终定稿的近代"氏名"方案，不禁令人惊讶，错觉森金之丞是否开了天眼，皆因两份提案竟有诸多相似之处。但正如下一章内容所揭示的那般，事实上近代的"氏名"方案与森金之丞的修正提案毫无关联，前者绝非政府参考了森氏修正提案后的产物。而最关键的是，在人名上日本最终也没能做到全废通称，独尊"实名"。

　　顺带一提，同年五月，森金之丞还向公议所提交了废除"带刀"惯例（废刀论）的议题。这一提案在当时人看来也是异想天开，所以遭到了公议所全会的一致否决。而且正因为这一废刀论的提案，森金之丞猛受非难，最终不得不于明治二年六月辞去军务官判事一职。虽然明治三年闰十月他再度起复任官，不过他被派去美国公干，直到明治六年七月才回到日本。而下一章即将揭晓的那场"氏名"诞生前的"混乱大剧"，其发生时间为明治二年七月至明治五年五月，所以森金之丞也就毫无疑问成了近代"氏名"诞生的"局外人"。

　　那么到底发生了什么，让江户时代的"人名"变成近代的"氏名"？下一章中，我们终于要迎来这场精彩大戏的高潮了。

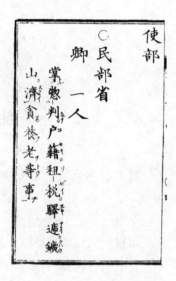

使部

○民部省

卿　一人
掌惣判戸籍租税駅逓鑛山済貪養老等事

大輔　一人　少輔　一人
掌同卿。餘五省准此。

大丞　二人　權大丞
少丞　三人　權少丞
掌紏判省事。餘五省准
此。

第六章
"正名"的结局

『职员令』、明治二年七月。
说明：仿照古代职员令的形式，皆以汉文体拟古书成。

一 职员令的冲击

借旧官名之表，取今更始之实

明治初年，各藩仍然以"私领"的形式维持现状：大名领主（诸侯）代代世袭领地，各家臣团也照旧依附左右。明治二年六月十七日（1869 年 7 月 25 日），"版籍奉还"政策一出，形势为之一变，诸侯纷纷向天皇"交还"各自的领地与领民。各藩也至此和府、县一样，成为日本新一级的地方行政单位。随后各地旧藩主虽被任命为知藩事，但是新政府废除了他们与家臣之间的主从关系，使其成为"孤家寡人"。而且知藩事也并非世袭之职，任命大权由中央政府掌握，沦为一介地方官。另外，知藩事与府、县的长官知府事、知县事相同，皆为七官制中的职名。因此被任命为知藩事的诸侯，在书其名时便会写成"土浦藩知事土屋相模守"这样的形式。

版籍奉还政策出台的同日，新政府还下令废除"公卿""诸侯"之称，一律改为"华族"。新政府将贵族地位与实务役职进行剥离，创族籍制度，以此保证原公卿、诸侯的世袭身份、地位不变。六月十三日，行政官为推出职名、官名一体化的新政策，形式上先向各界广征意见。该意见（《官名改正御下问》）之布告如下所示（引文中的着重号为笔者所添）。

> 大宝以降，官名沿袭已久，然其中名不符实者颇甚。昨春更始之际，唯求实用，设职制，然仍无暇正名。故今般借旧官名之表，取更始之实，斟酌、润色，定于别纸。职制一定，欲闻众议，使之诚然名实相宜也。故诸君毋须忌惮，铭铭熟考，上书言事。

换言之，新政府1868年春季后陆续推出了三职七科、三职八局、七官制等一众新"职制"治理国家。但另一边，自大宝元年（701）后，制定的各类官职名与新"职制"下的各役职（职名）并无瓜葛，却依然并行于世。而且随着时代的变迁，这些古代官职名早已"有名无实"。因此新政府基于"正名"之论，另起"别纸"，又制定了一套新的官制体系，以此向天下宣告官名、职名一体化改革的正式开始。此处所言"别纸"，即后文所述"职员令"及其"官位相当表"。尽管新政府向各界征求"意见"，但其实新官制早已成稿，无须再做更改。面对这一既成事实，各地知藩事纷纷附和"至当"（非常赞同、极为赞同），以此表明态度。

而官、职一致的具体做法，正如布告所言："借旧官名之表，取更始之实。"再说得简单明了一些，就是把七官制中的职名直接替换成古代律令制风格的官名。譬如，七官制中的会计官至此变成大藏省，而其长官会计官知事就跟着改成大藏卿。同时，新政府一并废除诸如"大和守""民部卿"这些与职名并行于世的古代官名体系。自此，官、职统一，名副其实的新"官名"制度诞生了。

百官废止与职员令

明治二年七月八日，行政官发布政令"就今般官位改正之举，废从来百官及受领之制"，宣告全盘停用古来旧官制、旧官名。那些曾经被用来作为名使用的名誉头衔（正式官名），如"主税头""越前守"等，一律作废。故而此令又被称作"百官废止"。

同日，新政府发布新官制"职员令"。此新制又作"二官六省制"（图6－1）。二官即古代二官八省制中的神祇官与太政官，其余六省也颇有古制遗风，可谓处处竭力模仿。

二官六省制中的太政官改组自七官制中的行政官，是统领国家所有事务的机构。太政官设左大臣、右大臣、大纳言、参议、大弁、小弁等官职。原先七官制中议定出任新制中的大臣、大纳言；部分参议则由参与担任。

六省的名称除外务省外，都直接取自旧官制而来。实际上就是把七官制中的民部官改成了民部省，军务官为兵部省，外国官变为外务省，诸如此类。原先七官制中的知事、判事等职名在新官制中改成四部官官名，即古代"头、助、允、属"四系官名。新官名的称呼也直接沿袭古制，如"省"一级部门设"大辅、少辅、大丞、少丞、大录、少录"；"寮"一级设"头、助、允、属"；"司"一级设"正、佑、令史"（司级部门维持

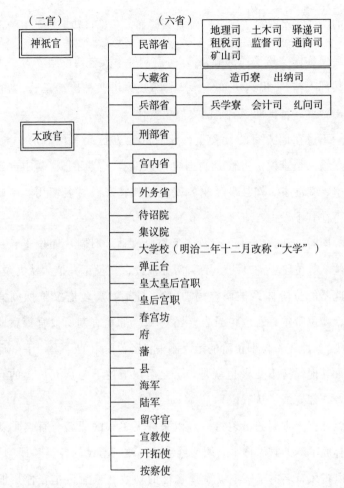

图 6 – 1 职员令（二官六省制）的组织架构（截至明治二年九月前后）
注：之后相关部门还有增加。

旧有惯例，不设"助"系官职）；弹正台则用"尹、弼、忠、疏"四字。正官之下另设权官，如"权大丞"之类。

原来作为头衔使用的七官制"职名"，也就此与可做通称使

用的新二官六省制"官名"统合。譬如，民部官知事松平中纳言
（职名）　　　（官名）
此后便称作"松平民部卿"；军务官副知事大村四位则改为"大
（官名）
村兵部大辅"；出纳司知事林又七郎就称作"林出纳正"。新官
制出台后，官员的人名也随之发生变化。

　　不过在地方官的设置上，此时的地方行政单位有府、藩、
县三级，很难模仿古代令制国再设四部官，故而七官制中的知
府事、知藩事、知县事等职名就直接被拿来做官名使用。新政
府再在其下设大参事、少参事等官职。

　　同时，新政府对位阶做出了相应改动。旧制从四位上、从
四位下等位阶中的"上、下"两分被废，新设正九位、从九位，
由此新的位阶体系被调整为20阶。随后，新政府又依照新官
制、新位阶重订官位相当表（图6-2，原七官制所设官等就此
作废）。原先叙位旧位阶的诸人删去自己位阶中的"上、下"即
可，其他保持不变（也就是说，之后从五位下与从五位上的有
位者全都变成了从五位）。

　　二官六省制的出现将一直以来毫无关联的职名与官名重新
整合成了新的官名体系。明治维新后，政府新设的各类"职制"
得以古风官名的形式继续发挥自己的功效（或者说是在停用旧
官名的基础上，职名以新官名的形式获得了新生）。这也是职员
令这一新制度不同以往的最大特征。

官名唯官员独有

　　随着百官废止与职员令的颁布，"官名""职名"概念合流，

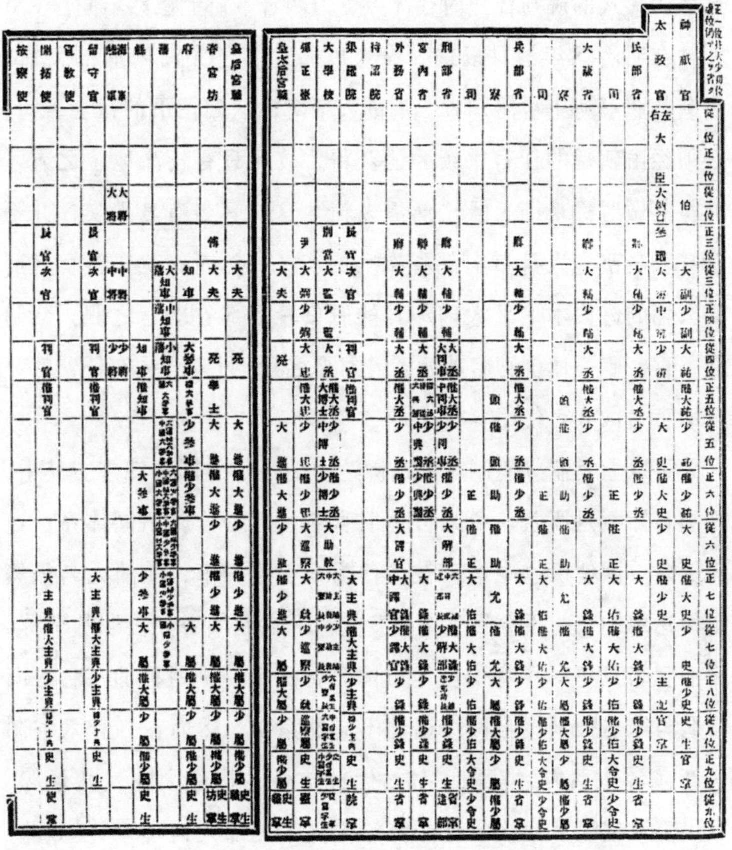
正一位并大少初位仍テ之ヲ省ク

从一位 正二位 従二位 正三位 従三位 正四位 従四位 正五位 従五位 正六位 従六位 正七位 従七位 正八位 従八位 正九位 従九位

神祇官 太政官 民部省 司 大蔵省 寮 司 兵部省 寮 司 刑部省 宮内省 外務省 待詔院 集議院 大學校 彈正臺 皇太后宮職 皇后宮職 春宮坊 府 藩 縣 海陸軍務 留守官 宣教使 開拓使 按察使

图 6－2　职员令官位相当表

资料来源：『法令全書』第 622 号、1869 年。

终于实现了官、职一致，名正言顺。不过江户时代以来的人名惯例，如“苗字＋官名”这样的形式并未受到影响，仍然存在。

像下野义一郎就任大藏少录后便以“下野大藏少录”做名——一旦任官，便自然将官名与一般通称替换，以“称号（苗字）＋官名”的形式做公私两界通行的人名来用。乍一看，这样的形式的确与江户时代无差，但两者本质上截然不同。

在明治二年七月以前，有人以旧官名"大河内刑部大辅"为名就职三河丰桥藩知事。刑部大辅对标从四位下的社会身份，必须经由朝廷的任官手续才能获得，故而只有较高地位之人才能将其做通称来用。但"刑部大辅"这一官名有名无实，并不意味着名字主人身负刑部省次官的实务。然而，就任新官名刑部大辅的佐佐木刑部大辅却真的肩负着刑部省次官之职。新制度下官、职一体，官名即所谓"官职名"，只要官员在任，就可以该官名做人名使用。

再以七官制等职制为例，伊达中纳言任外国官知事。其中，外国官知事是职名，中纳言是旧官名，两者分属不同体系，毫无关联。即使伊达中纳言被调任为军务官知事，他的人名仍然是伊达中纳言，不会发生任何变化。职名是实务、役职的名称，而旧官名只是彰显身份与地位的名誉头衔，是通称的一种。旧官名与职名分别授自两个迥然不同的系统。然而在二官六省制的新官名体系内，官职一体。因此佐佐木刑部大辅就任他职，如民部大辅后，他就会改称为"佐佐木民部大辅"。不仅如此，其工作场所和工作内容也会随调任而变更。此后他便不能继续再以"刑部大辅"做名使用了。不过，新官名有一点和旧官名相同，它亦是一种体现高贵身份与地位的通称，可以在公私不同场合拿来做名使用。

不过，新制度的横空出世让局面又变得扑朔迷离起来。

这该如何是好呢？

按照新官制，当时就任新官名的在官者可以将官名做通称使用。而那些仍以大和守、玄蕃头等旧官为"名"之人，随着百官废止一律暂失"人名"。这些人虽再无官职，却仍保有位阶，故被称作"非役有位者"。

在明治二年七月八日颁布的百官废止公告中，新政府令非役有位者此后以新位阶做通称使用。自此畠山侍从变成"畠山五位"，德冈大膳大进成了"德冈从五位"，而诹访土佐介就成了"诹访正七位"。旧位阶体系中还有"大隈五位"这样的称法，新位阶出台后就必须加上"正""从"，以"正五位"或"从四位"这样的形式做名而称。然而"废旧官名，代之以新官制"的做法史无前例，所以许多人搞不明白到底该如何自称。

例如尼崎藩（藩知事为樱井氏）就在公告发布后的七月十日向政府发文咨询，其问题有二，大致意思如下。

①职员令中藩的"知事"（知藩事），也算可做通称用的官名吗？

②位署书（明示自己个人名的书面文件须书以姓名）以外的场合，在官者也可以用位阶做通称吗？

在原先的七官制体系下，尼崎藩藩主称作尼崎藩知事樱井远江守。如今旧官名已废，"远江守"就不好再用，所以让该藩藩主为难的是，自己到底应该改成"尼崎藩知事樱井从五位"，还是"樱井尼崎藩知事"（这显然就是把新政府下达给非役有位者的指令给混淆了）？

就此，新政府做出回应。针对第一个问题，新政府基本认可尼崎藩的观点，即地方官的官名也可做通称使用；至于第二个问题，新政府重申"在官中人须以官名做称"，即正在任上的官员只以官名做通称即可，不必和非役有位者一样，把位阶也拿来做通称使用。

再以这一时期出版的《列藩一览》（明治三年春版）为例，如"稻叶从四位正邦"，其头衔为"淀藩知事"，通称的位置则记以位阶，栏目下方还载有其实名（图6-3）。不过这样的表记方式主要目的在于尽列人物的相关必要信息，在当时的其他公文书上，实际上出现最多的依然是"稻叶淀藩知事"这般"苗字＋官名"的形式。

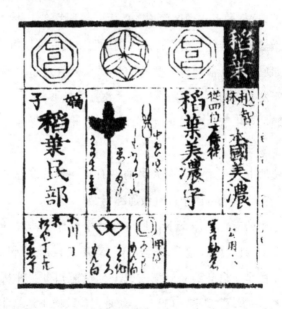

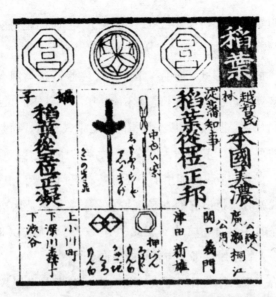

图 6 – 3　职员令颁布前后"淀藩稻叶氏"项目的变化

说明：上图为明治二年六月版《列藩一览》部分，下图为明治三年春版《列藩一览》部分。

综上，随着职员令的推出，日常生活中的"人名"发生了如下变化：

①官员（在官者）的人名形式为"苗字 + 官位"；

②非役有位者的人名形式为"苗字 + 位阶"；

③其他无位无官者的人名形式按惯例，为"苗字 + 通称"（或者仅有通称）。

第一波冲击

职员令及"废过去百官及受领之制"出台后，以往的正式官名（旧官名）就不能再做人名使用了。不过，众人却对这一新令满腹疑团：废"百官"，废"受领"，它的范围到底有多大？

"受领"指的是因幡介、大和介那般"国名＋带有下司的正式官名"的记名形式。但像"因幡""佐渡"这类国名，历来一直都被算作仿官名，是不是就不能使用了？另外，"百官"也好，"百官名"也罢，一般来说指的不是正式官名，而是那些不带下司的京百官、东百官，也就是仿官名中的一类，所以是不是这些百官名此后也不能用了？还有某右卫门、某兵卫等通称，江户时代就有人指出它们本来也是官名，那是不是这次也被算在要废的"百官"之中？就此，中大夫、下大夫（旧旗本）中的代表人物纷纷上书，向新政府咨询。

明治二年八月七日，下大夫组头内田甚郎与横田权之助向上发问："依百官废止之布告，以官名（百官名）、国名做名者，悉数皆须改名否？某兵卫、某右卫门等亦所禁之官名否？"二十日，中大夫触头畠山从五位也上书问道："百官名、国名须全数改名否？某兵卫、某左兵卫、某右卫门、某之允、某之丞、某之进、某之辅、某之佐、某之介之类，亦须改名否？"

对此，新政府回应道："百官名、国名等须留意；某兵卫、某之丞等先按以往之例不变。"换言之，新政府明言使用国名、百官名做名者必须改名，而某右卫门这类不算在百官名内，故无须改名。确认完毕后，以仿官名为名的中大夫、下大夫陆续改名（表6-1）。在表6-1汇总的中、下大夫改名例子中，中大夫花房助兵卫等诸人因人名中用的都是某兵卫、某右卫门这样的通称则无须调整，故未载于表中；而符合条件的26名下大夫全部将人名改成了一般通称，如浅野隼人变为浅野弥、小出播磨改为小出清、关左近成为关次郎。

表 6 - 1 中、下大夫的改名

	头衔	人名	
		改名前	改名后
1	中大夫	小笠原兵库介	小笠原长裕
2	中大夫	织田主计	织田弘厶（原文）
3	中大夫	木下内匠助	木下俊清
4	中大夫	朽木主计助	朽木之纲
5	中大夫	高木监物	高木贞荣
6	中大夫	高木弹正	高木广
7	中大夫	户川主马助	户川达敏
8	中大夫	中条兵库	中条严彦
9	中大夫父	座光寺右京	座光寺为邑
10	下大夫	户田主水	户田仓之助
11	下大夫	浅野隼人	浅野弥
12	下大夫	池田右近	池田彻之丞
13	下大夫	石川鞴负	石川铠胜
14	下大夫	大嶋摄津	大嶋云八
15	下大夫	朽木和泉	朽木廓堂
16	下大夫	小出播磨	小出清
17	下大夫	小出主水	小出嘉门
18	下大夫	斋藤宫内	斋藤铸之辅
19	下大夫	设乐带刀	设乐魁司
20	下大夫	关左近	关次郎
21	下大夫	武田兵库	武田太郎
22	下大夫	内藤弹正	内藤三十郎
23	下大夫	能势日向	能势源一

	头衔	人名	
		改名前	改名后
24	下大夫	牧相模	牧春窗
25	下大夫	松井主马	松井久之助
26	下大夫	森将监	森宗七郎
27	下大夫	藤悬左京	藤悬克己
28	下大夫	松浦左京	松浦胜太郎
29	下大夫	大给求马	大给利雄
30	下大夫父隐居	大嶋主殿	大嶋桐江
31	下大夫养祖父	甲斐庄河内	甲斐庄同卫
32	下大夫养父	石川阿波	石川松轩
33	下大夫养父	花房近江	花房文夫
34	下大夫养父	青木主税	青木熊三郎
35	下大夫养父隐居	小出织部	小出梅堂

注：中大夫中条兵库（后改为中条严彦）的实名为"信汎"，"严彦"是实名之外他另外设计的通称。

资料来源：『公文録』明治二年第四十卷；『大夫士届』、明治二年四－八月；『大夫士届請』、明治二年九－十二月，日本国立公文书馆藏。

而那些同样以百官名（含东百官）、国名为名的无位无官地下家人（当时一般将其称为旧官人），也在明治二年十月前后接连向上提出了改名申请。他们当中的大多数人将原先的百官名或国名换成了一般通称。例如，田中扫部改成了"田中忠太郎"，木村造酒变为"木村总兵卫"。

职员令与百官废止承载着"正名"的理念，掀起了第一波浪潮。巨浪之下，仿官名也自此退出了日本人名的历史舞台。

实名亦做通称用

当仿官名无法再做名使用后，还有一部分人破天荒地把实名拿来当通称使用。

如表6-1中的中大夫小笠原兵库介在申请改名时注明"吾今后以实名长裕做通称"，然后便以自己的实名（名乘）做通称，改称小笠原长裕。表6-1中的9名中大夫，有6位皆以此方式完成了改名，如朽木主计助变为朽木之纲，高木监物改成高木贞荣。

此外，随着百官废止的推出，职人受领也就此一并终止。因此像御用御针师福井伊予掾、御用果子司黑川近江大掾等职人也相继提交改名申请。他们多为无位者，也多采用"以实名改之"之法，如福井伊予掾改成了福井胜秀，黑川近江大掾变为黑川光正。这里提到的"胜秀""光正"都是他们的实名。

为何他们会选择将实名做通称使用呢？这其实仍与"以名示人"的惯例、习俗有关。长久以来，"人名"（通称）有着体现使用者身份、地位的作用，所以人们才会特别看中那些一般人无法随意使用的正式官名或仿官名。然而，仿官名等已经无法使用，那么还有哪些特殊的人名可以用来彰显身份、区分彼此呢——于是实名在这一时期脱颖而出，成为代替仿官名，做为彰显使用者较高身份的不二"名"选。

实名，即一般所谓"名乘"，对庶民来说并非必需，也没有必要为此没事专门设计一番。因此，拥有实名（名乘）无疑就成为"士族以上"的最佳明证。故而那些选择以实名做通称的中、下大夫及职人或许就是为了和普通的人名，即一般通称做区分，通过人名和庶民划清界限，体现自己的身份与地位。

藩职员中的实名系通称

笔者手头有两本不同的《列藩一览》。其中一本是临近百官废止前明治二年六月出版的；另一本则是百官废止后明治三年春季发行的版本。两本书里详细记载了公用人，即旧诸侯留守居役职的藩士（藩职员）名单。

对比这两本书，我们可以发现在第二本书中出现了少量"实名系通称"人名，如星合常恕（德岛藩）、中野重明（福知山藩）、龟冈胜知（广岛藩）等。但在第一本书中完全看不到这样的人名。它们与中村长左卫门（忍藩）、水野彦三郎（名古屋藩）、石川直之进（岩村田藩）、西村舍三（彦根藩）、提正巳（和歌山藩）、小仓熊雄（浅尾藩）、片冈静（加纳藩）等其他一般通称系人名同书而列。可见，就在百官废止令推出后不久，实名通称系的人名就已经在藩职员中出现了。

不过有一点大家千万要留心，这个时候虽然出现了实名系通称，但并不意味着实名与通称两者概念已经统一。在这一时期，实名仍旧是实名，通称也还是通称（可参考图 4-1 中的②与⑤），两者完全是两码事。通称如五郎左卫门，实名则为"义贞"这般——大多数人仍然分别设计实名与通称，严格区分。实名系通称，充其量不过是百官名、国名被废后的代替品，是从实名演化而来的新通称罢了。

不过的确也有将两者搞混的例子。据当时的改名申请书，欲将实名改作通称的人群中，有些人递交的申请是"废通称唯以实名耳"，有些人则写了"实名亦做通称用"——两种不同的认知和观念交错其中。尽管如此，通称与实名之间的区别并未消失，也没有遭到人为更改。因此，以前文提到的小笠原长裕为例，如果把他的人名改成江户时代"苗字＋通称＋名乘"的形式（如长谷川平藏宣以），那么他的人名就应写成"小笠原

（通称）（实名）
长裕长裕"。

另外像"～雄""～夫"之类的通称也在当时的士族①中间流行起来，数量激增。不过它们不能算是实名（名乘），而是早先那些一字三音人名的变形，即东百官的衍生物。

大参事的烦恼

明治二年八月，筱山藩依职员令任命藩内"大参事"等职。然而在任命完成后，藩内一众似乎不知该如何称呼记名，所以便向中央上书问道："自大参事至权少参事，凡在职者，是否公私皆须废通称，代之以'苗字大少参事'之形作称？"也就是说，筱山藩希望新政府确认一下，是否无论公私场合都把"大参事"之类的与旧官名一样做通称来使用。在当时，同样为此犯愁的各级官员不在少数。

---

① 明治初期对原武士身份的称呼，1869 年版籍奉还后设置，包括旗本、御家人、藩士及官侍、公卿侍、寺侍、神官等（原足轻以下武士一度改称"卒族"，但不久即废除）。士族在身份上仅次于华族，位于平民之上，有家禄及带刀特权。

对此，新政府仅仅回了一句：“以'苗字大少参事'使用即可。”从《太政官日志》来看，实际上标准的格式应为“苗字＋某某藩大参事”——“大参事”写于苗字^{藩名}下。毫无疑问，新官名在当时就被拿来做通称使用。

然而收到新政府回应的筱山藩又犯难了，因为藩内任命了两位大参事，分别是吉原善右卫门与吉原三郎右卫门。若按照新政府的指示，两人都应先停用“善右卫门”等通称，然后代以新官名“大参事”，然后改名为“吉原大参事”（因为是藩内作称，所以一般会省略藩名）。但这样一来，俩人便“同姓①同官名”了，难以区分。于是筱山藩知事想出一招，将吉原三郎右卫门的苗字改成了“东吉原”，并在同月十日向新政府提出了改名申请。至此，就任大参事的吉原三郎右卫门便成了东吉原筱山藩大参事。或许有人会问，为何不将大参事当作头衔，把人名写成“大参事吉原善右卫门”不就可以完美解决问题了。为什么要舍近求远，特意改苗字，只要不坚持拿“大参事”做通称不就好了吗？

让我们再来回顾一下江户时代的人名常识——正式官名被拿来做通称使用，通行公私两界，最关键的作用就是为了彰显使用者的身份与地位。因此从一般通称吉原善右卫门变成正式官名吉原大参事，和之前我们提到的南部三郎改名南部信浓守有着异曲同工之妙，都是使用者经由改名向内外宣布其身份发

---

① 此处指苗字。

生变化，地位得到晋升。这也是官名做人名时独一无二的价值所在。要是成了大参事却不能以"大参事"为名，那还何苦去做这个官。

官名置于通称位乃底线

明治三年二月，和歌山藩遇到相同的难题。他们上书向中央问道："'同官同姓（此处'姓'自然指的是苗字）'者，如何书名？"对此，新政府做出两点回应。第一，按任官先后，先任官的在其官名上加一个"前"字（换言之，先任官者便称作"前大参事"，当然这和前文所述"前官"不同）；第二，若是同日就任者，就在苗字上加"东西南北"等文字为区分。可见，无论哪种方法，官名一定要放在通称的位置上，这是底线。实在要做区分，就以此为基础再做文章。

但就算加上"前"或者"东南西北"几字，最多也只能区分五、六个人，并没有从根本上解决问题。和歌山藩似乎也对新政府的回答不甚满意。翌月，他们又重新上书一封，向中央咨询解决之道，大致意思是"同官同姓时有发生，有没有一个绝对的区分标准或者区分方法"。面对地方的"步步紧逼"，新政府虽不至于生气，但只是草草地扔回一句"只需书以实名"——算是为这一问题画上了句号。我们能从侧面看出，新政府对此其实并无良策可用。

另外，新政府的回答也可视为早期允许使用实名的书面指令。只是在这一阶段，实名能起到的仅是辅助作用，添加在"人名"后，用来帮助识别同姓同官者。对于当时人来说，官名做通称仍旧是"世间常理"，实名只有在迫不得已的情况下才会出来救场。

之前官名（旧官名）只是名誉头衔，与实际的职务无关。要是在江户时代发生类似"同姓同官"（御名差合）的情况，只要适当调整一下官名，改下名就好了。然而职员令发布后，官、职一体。苗字都为"田中"的两人，同时就任外务大丞，新政府自然不能为了强行区分彼此跑去和其中一位田中氏说，"虽然还是得承担外务大丞的职责，但给你换一个同级别的'宫内大丞'，如何？"——官职名"名副其实"后，带来了继续以此为"名"的种种问题。

削减非役有位者

同样的问题发生在那些持有"某某从五位"的非役有位者中。

明治三年，北小路正六位（实名为俊茂）叙升至从五位，变成了北小路从五位。但同一家族中，俊昌、俊亲两人早已位列从五位，这下一门三人都变成了北小路从五位。于是俊茂上书咨询："今后通称如何称之适宜？"意思就是全家都叫一个名了，可有什么好的办法。对此，新政府给出的解决方法有三："从五位""新从五位""从五位名乘（实名）"。此处"新从五位"，意指若为当下新叙之官位，就加一个"新"字区分；而"从五位名乘（实名）"便指在"从五位"后再加上实名，以做区分。但这样的解决方法实在难尽如人意，真要这么做必然会招致非议。

在江户时代的朝廷社会中，正七位是实际上的最低位阶。而七位的地下家大多出自町人，官位也是花钱买来的。因此，六位及六位以上的地下家毫不掩饰心中的蔑视，直接称他们为"无位之人"。但在新位阶体系中，正七位相当的官员绝非池中之物。幕末、明治初年的数年间，官位七位的价值出现了翻天覆地的变化。江户时代已经叙位的地下家却依然可以继续保持正七位之位，甚至他们中还有一些人拥有了五位以上的官位。故而在这一时期我们仍然可以看到上司"从七位"，部下却是"从五位"的奇景。明治初年，新政府曾经以"在职时停用官位"方式做过一定调整，但没能从本质上解决该问题。职员令颁布后，对此也没有任何政策跟进。

明治三年十一月十九日，新政府发布政令，废除所有旧官人、原中大夫（明治二年十二月，新政府在整顿各类士族称呼后，将原来的中大夫称作原中大夫）的位阶。通过这一强制措施，新政府直接否认了所有江户时代的叙位事实。在当时的历史大势下，旧官人、原中大夫也别无他法，老老实实地接受了这一命令。诹访正七位、藤井正七位等，那些本来还可以继续以位阶为通称的人士再次失去了自己的"人名"。

早先这些人在办理位阶叙任的手续时一般以"姓名"向上申报。这次新政府则要求他们一律以"称号（苗字）＋实名"的方式改名。于是诹访正七位变成了"诹访信敏"，藤井正七位成了"藤井积庆"（翌月旧官人之称作废，地下家诸人也被归入士族或卒族）。新政府此举就是强行令其以实名做通称。

至此，非役有位者只剩下华族非役者①和一部分神职人员

---

① 身为华族（贵族）却不担任任何官职。

了。在新政府同日颁布的政令里，命有位且就任官职的神职人员"在职时停用官位"。本来众人还以为这条指令与明治初年时一样，不过是昙花一现之举。然而就在明治四年五月十四日，神职人员的位阶也遭到全面废除（虽然此后仍有叙位神职者的例子）。

第二波冲击

明治三年十一月十九日，除了旧官人、原中大夫等位阶被废，新政府还发布布告，禁止日后再以国名及旧官名做通称使用。职员令颁布时虽然废除了受领与百官，但并没有明确禁止全社会皆不可以此为名，所以民间仍然有许多人拿国名、百官名当作通称来用。既然要贯彻"正名"理念，除了官员只有在任时才可以官名为名，社会大众也不能再擅自以世间所谓"旧官名"或"官名"之物做通称了。

只是让众人犯难的是，"旧官名"的范围到底有多大？

同年十二月四日，东京府向中央咨询，大致意思是"按这次政府的指令，是不是那些含有官名文字的通称，如某左卫门、某太夫、某兵卫等，皆须改名"。中央的回答也很明晰："此类通称并未涉及。"然而就在明治四年一月三十日，白河县也询问中央："谓之旧官名，常有外记、右京、左京之类，然某右卫门、某兵卫、某之助、某之丞、某之进等，皆须禁用否？"中央给予的回答却是："如尔等所言，助、丞、进等纷扰官名，须禁之。"这下新政府又把"某右卫门""某之助"算在要被禁止的"旧官名"范围内了——一会不用禁，一会又要禁，标准摇摆不定。

而造成新政府回答前后矛盾的原因，正是源自江户时代以来，有识者与一般普罗大众在人名常识观念上的龃龉。本书第四章对此已有探讨，不再赘述。

连某右卫门也要禁？

也正因此，对于明治三年十一月十九日的政府布告，各府藩县在解释和应对上也不尽相同。大多数府藩县并不把"某右卫门"等通称视为"旧官名"，但有些地方就强制治下之民改名。

例如明治四年一月，堺县在收到中央的布告后便马上下令全县使用"某右卫门"等通称之人改名。该县所辖河内国若江郡长田村庄屋田中四郎右卫门就此改名成了田中四郎与问。以"与问"（よもん = yomon）代"右卫门"（ゑもん = wemon），其实就是拿发音接近的文字与之替换。日后，田中四郎与问又改名为田中四郎。其他的村中百姓亦同，如栗山武右卫门改为栗山武一，村上木右卫门成了村上勇（井户田博史 1986）。

同样要求强制改名的还有岩鼻县。该县向下发布的指令，将中央布告解读为"今后可用者，某太郎、某治郎、某治、某市、某内、某松、某吉、某作、某藏、某平、某弥也"——用详尽示例指导治下之民该如何改名。故而其辖内上野国那波郡宫子村的百姓一律进行了改名，如八右卫门变成了友太郎，左兵卫则改成了佐吉（高木侃 2006）。

当然，还有很多地方并没有把"某右卫门"算在"旧官名"的范围内，也不要求治下之民强制更名。例如京都府虽将明治三年十一月十九日的布告向下转发，但若翻看辖内山城国乙训郡石见上里村的相关史料，就会发现虽然该村收到了上面下达的命令，但没有留下任何改名的痕迹。

而像当时专门出版及发行政府刊物的出版商，如"须原屋茂兵卫"（北畠茂名卫）或"和泉屋市兵卫"（山中市兵卫）等，在新政府布告发布后，《太政官日志》等出版物的版权页上仍旧保持原名未变。因此那些一定要求更改"某右卫门、某兵卫"的举措，基本上是一部分地方官过度解读中央命令后的"独断行为"。

另外在那些以国名、百官名为名的村中神职人员中，也能见到用同音异字改名的例子。如德永因幡改成了德永稻叶，山脇丹后则变为山脇丹俉。其中"因幡"与"稻叶"，"丹后"与"丹俉"皆同音①（明治四年以近江国神崎郡伊庭村为例）。

二　姓尸名的狂潮

两类常识

随着明治二年七月职员令的颁布，官名终于恢复其本义，以官职一体的崭新姿态"名至实归"。旧公家一直以来"名实一致"的夙愿终得实现。

但仅仅是官名的"名实一致"仍不够，朝廷的另一个常

---

① "因幡"与"稻叶"的读音皆为"inaba"（いなば），"丹后"与"丹俉"的读音皆为"tanngo"（たんご）。

识——不知诸位是否还有印象，那便是唯有"姓名"才是个人的真名，"姓名"才是每个人的必备之物，像藤原实美、源忠邦这样的"姓名"才是人名的真容。在朝廷的认知中，唯持"姓名"者方能受赐官位。而诸如骏河守这样的"人名"（称号＋官名）不过是俗称罢了。它仅仅是在官名（或者如童名、幼名之类的通称）之上，添以可作识别用的称号，并非个人之名。还有，官名只有经过朝廷敕许才可以为名，与那些可随意取用，如某三郎之类的通称绝不能相提并论，官名和通称完全是两回事。

然而武家及一般社会大众的认知与之截然相反。

首先，"人名"（苗字＋通称）才是个人之名最初的模样（而且对一般大众而言，通称最为重要，苗字只是其修饰成分）。其次，为了能在一些特定场合使用，人们会去专门设计名乘（亦作"名""实名"）。而庶民甚至可能一生都用不到名乘，所以很多人到死都没有。最后，姓（本姓）是组成名乘的修饰成分，使用频率比名乘更低。因此，每个人都必然拥有"人名"（通称），却并不一定持有"姓名"。或者说根本就没有那个需要，所以无所谓有没有"姓名"。

武家及一般大众绝对不会把"姓名"当成个人之名。在他们眼中，只有"人名"才作数。纵然如官名，也不过是品级较高的通称罢了（图6-4）。

这两种迥然相异的认知或常识，此前还未有过直接"交锋"的机会。然而随着职员令的问世，"正名"之风大盛，包括旧公家在内的朝廷诸人直觉他们曾经流连的古代常识即将随着王政复古席卷全日本。因此他们也未加任何事先说明，就自说自话

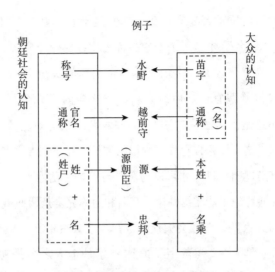

图 6-4 两类人名认知（常识）

注：虚线方框内是不同群体对人名的真正认知；普罗大众将官名也当成通称的一类，但朝廷社会则将官名和通称视作用途完全不同的两种事物。

地开始向全社会推广起朝廷社会的一般常识。对那些长期浸淫在一般社会常识中的武家诸人及庶民而言，面对这些与现实乖离的常识观念，他们或是困惑万分，或是愁颜不展，只能把朝廷常识当成"律法"一般，暂且先接受下来。

只是，这两种常识的思考原点本就南辕北辙、互相矛盾。它们就如同迎面而来的两股巨浪，瞬间碰撞在一起，也由此上演了一幕幕令人悲喜交加的历史大剧。日本的人名也在这样的背景下飞速变化。

把姓名拿来做个人之名

职员令出台前，在役职任免的辞令书上，收件人处用的都是"人名"，如"久世中纳言""山内中将""大隈四位""后藤象二郎"之类；任免职务时用的则是"职名"，如任"某某官判事"等。

随着职员令的出台，新政府推出了新官位叙任的辞令书。该辞令书以可用来宣旨的"官位记"为主体，并重新设计了"官位记"的书写格式（可参考日本国立公文书馆藏《诸式录》；另外，任官有官记，叙位有位记，为方便叙述，下文将统称为"官位记"）。新辞令书中的人名全部按古代位署书中"官位＋姓＋尸＋名"的方式表记。

图6-5所示乃明治二年七月八日，大隈四位受任大藏大辅时的官位记（其实他就是大名鼎鼎的大隈重信，明治末期曾任日本内阁总理大臣，著名官僚、政治家）。

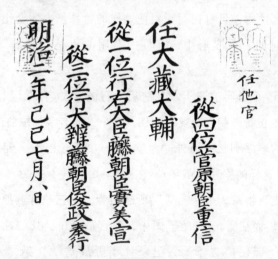

图6-5　菅原重信（大隈大藏大辅）的官记（明治二年七月八日）
资料来源：早稻田大学图书馆藏。

大隈氏本姓"菅原"，实名"重信"，所以他的"姓名"便是"菅原重信"。前文有述，任官大藏大辅时，人名表记所用形式为"位姓尸名"，所以收件人处我们看到的是"从四位菅原朝臣重信"。而官位记的书成者（寄件人）有两位，分别是大臣"从一位行右大臣藤原朝臣实美"（其称号为三条）及大弁"从三位行大弁藤原朝臣俊政"（其称号为坊城）。两人也皆以"姓名"示人，而他们的"称号"（苗字）无论是"大隈"，还是"三条"，皆不会出现在此处。

当然，在平时工作、社交往来时，他们依然会以官名接苗字（称号）的方式做人名使用，如"三条右大臣""大隈大藏大辅"等（大隈氏还兼任民部大辅等职）。平日里，大隈氏也绝不会被人称作"菅原"或者"重信"。拟古式的"姓名"作为正式人名使用，只有在朝廷叙任这样的特殊场合才会出现。譬如在当时的官员名册中，官员之名用的也是"姓名"，而非"人名"。

图6-6乃明治三年八月前后发行的官员名册《职员录》。以"正二位行源朝臣具视"为例，每个人的名字都按照位、姓、尸、名的顺序列成。另外"姓名"下方还有用小字辅记诸如"岩仓"这样的称号（苗字）。在图6-6上图"参议"一栏中，著名历史人物"大久保利通"所载项为"从三位守藤原朝臣利通^{大久保}"。而在图6-6的下图中，若官员无位，其"姓名"中的"尸"部便略去不写，记以"小野成章^{横山}"或"藤原安福^{岩田}"这般。

新的《职员录》把一众官员平日里叫惯的苗字作为补充，

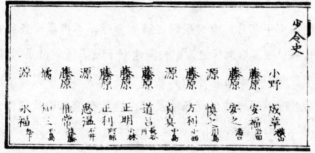

图 6-6　官员的"姓名"

说明：上图为太政官部分，下图为监督司部分。

资料来源：『職員録』、1870。

以小字书于旁处，却将大家从来不用的姓名摆在明眼处。这样的记名方式其实早在江户时代就出现在朝廷的各种名册之中（当时的做法是在实名或者"姓名"旁用小字辅以称号）。但对长期浸淫在武家及一般社会常识的大多数官员来说，他们仍旧没有把"姓名"当成是自己的个人之名。

让众人申报姓名

为了推进"姓名人名化"的进程，新政府发现只了解诸官员的"人名"显然不够，还必须掌握他们各自的"姓名"（姓 +

尸＋实名）。

明治二年八月三日，太政官发出通知，要求各级政府调查、统计并提交所有判任官（这一时期指七位及七位以下的官员）的"姓名"。紧接着同年十一月二十九日，中央向地方下达命令，凡府县任命判任及判任以下职员时，必须向上申报该职员的"姓实名"。到来年二月的最后一天，中央又命各府县每月都要制作并向上提交职员录。

明治三年九月，中央撤销之前的命令，不再需要各府县每月申报职员录。取而代之，中央向地方下发了新职员录的样本，并要求以此为蓝本重新造册，并在十月重新向上申报提交。虽然此后各地不用每月提交新职员录，但凡有地方职员任命，还是需要一一向民部省申报。

以各地递交的职员录来看，其格式与政府发行的《职员录》基本相同，皆以"姓名"为主体，再辅以"苗字通称"。新政府似乎也想借此进一步掌握所有政府职员的"官名""姓名""苗字通称"。不过坦率地说，为了能使"姓名"成为通行天下的真正个人之名，新政府不可谓不用心，却徒增了那么多不必要的成本。但就算是多花了一些额外成本，也远远无法解决根本问题。

这就是实名？

在江户时代的一般常识中，实名并不具备人名的功能，充其量就是人们为设计名乘这一特殊签名而专门挑选出来的汉字双字。对大多数人来说，无所谓有没有实名，没有也不会给日常生活带来任何麻烦。这样的常识观念长期未有改变。

然而明治政府以朝廷常识为标准，强行要求各地官员向上申报"姓名"，并向众人强调"姓名"才是真正的个人之名——"这就太离谱了吧"。或许有这样想法的人不在少数。但对新政府来说，旧朝廷势力是维护其执政合法性的重要盟友，所以仍旧必须虚与委蛇，暂时陪着他们玩这场复古游戏。因此一众官员为了应付上头的差事，就不得不去设计、申报"姓名"。但有了"人名"不够，还要专门去设计"姓名"，这就无端地增加了需要考虑的人名要素，最终把人名形式搞得特别复杂。不过也有这么一群人，用一种奇特的方式突破了这道难关。

　　之前就有提过，为避免过多冗杂的人名要素，有些人会直接拿实名当成通称来用。那么反之，也就会有人拿通称做实名来使用。例如小泽武雄，"武雄"是通称，而他直接将通称拿来做实名使用，所以其人名为"小泽武雄"，姓名为"源武雄"。另有山尾庸三，也将通称"庸三"做实名使用，故其姓名为"藤原朝臣庸三"（如前所述，有位者在表记时会加上"尸"部）。另外如本书第五章登场的人物城多图书，在百官废止前他将通称改成了"董"，故称作"城多董"。随后他又将该通称做实名用，所以其姓名便为"源董"。

　　武雄、董这类的通称源自东百官的变形，多为二字三音或一字三音词①。乍一看与实名非常相似，所以许多人索性就直接拿他们来设计新的实名。对他们来说本来就用惯了通称，这样

---

① 如"武雄"就读成"takeo"（たけお），二字三音；"董"读成"tadasu"（ただす），一字三音。

正好一举两得。

再如宫本小一郎将自己通称中的"郎"字去掉，以汉字双字"小一"做实名使用，故而其姓名为"藤原朝臣小一"。基本上就是在通称上做一些变动，但也算动足了脑筋，解决了实名难题。从《职员录》来看，其中所载"姓名"除了类似"小一"的"某一""某三"，还有"某雄""某夫""保诚"等。这些实名多为二字三音或一字三音词，原本都是通称中的常客。倒也不是说这些实名全部来自通称，但前面提到的那些例子几乎都包括在内。

为了能够完成新政府摊派的任务，一众官员也可谓煞费苦心，以八仙过海之姿各显神通。然而"姓名"如此不实用，却还必须使用，众人对此心中定是诸多不满、嗤笑不止。

藩职员的烦恼

不过笑归笑，令人头疼的事还是发生了。

明治三年十月十七日，新政府向诸藩下令，要求往后每年12月向上申报藩职员名单。从中央发给各藩的职员表（名册）样本来看，知事名的格式为"苗字+位+姓+尸+实名"，而大参事及大参事以下职员的格式为"苗字+通称+姓+实名"。

以高锅藩为例，在其提交的职员表中，知事记为"秋月从五位大藏朝臣种殷"，大参事则写作"城勇雄橘重渊""财津十太郎藤原吉一"，的确严格按照样本的格式而来。但也就在同一藩内，许多藩职员不知所措。因为他们根本就没有"姓尸"，所以不知道该如何填写"姓名"。为此烦恼的藩职员并不在少数。

明治四年三月，高锅藩向中央咨询："当藩职员内'姓尸不分明'（不知道自己的姓尸为何）者有之，何以书职员表？"新政府的回答也很明确："应书以苗字。"像藩知事及大小参事这样的任官者若不知己姓，朝廷就没办法颁发官位记。然而下面的那些藩职员无位者众多，也无须给他们颁发官位记，所以有没有"姓"就无所谓了，并没有特别大的影响。新政府对此似乎也并没有要为难他们的意思（从后文所述内容看，新政府的这一回答或与明治四年三月的这一时间节点有关）。

再以高锅藩为例。在其明治三年十二月提交的职员表中，"铃木逸雄清原长敬""日高仪一源"与无姓的"山田关太郎重固""岩崎健十郎重雄"混杂一同，而且无姓的藩职员名数量颇多。这也算得上是得到新政府首肯的一个暂行之道了。

官名不是通称吗？

府藩县的这次人名登记有一件事特别值得留意。新政府首次要求所有官员单独上报"苗字通称"，而非"苗字官名"。对所有为官者来说，通称不就是官名吗——至少那些藩职员，从小在武家及一般社会的常识中长大，对此坚信不疑。譬如财津十太郎，任官少参事后就变成了"财津少参事"（财津高锅藩少参事），在武家官位体系的认知中，凡任官后就意味着改名，从"十太郎"变成了"少参事"。官名不过是一种品级较高的通称。

然而自职员令颁布后，新政府所有的相关命令不再基于大众的人名常识，而是出自朝廷社会对此的认知和观念。像"苗字＋通称＋实名"这样的标准格式就是典型的例子。如果对此毫不知情，那么就会立刻陷入一片茫然。

想必大家还记得，朝廷绝不会将官名和通称混为一谈。形式上官名与通称都接在苗字（称号）之后，如"财津少参事"（官名）或"岩崎健十郎"（通称），是人们日常生活中常用的"人名"，两者在用途上并无二致。关于此点朝廷方面也非常清楚。通称可由使用者随意设计、变更，官名却是必须得到朝廷敕许受赐才可使用的"官职名"，所以在朝廷常识中，两者有着天壤之别。

在朝廷看来，"财津十太郎"任官"少参事"后并没有发生"改名"。充其量不过是一位叫"藤原吉一"的人物任官"少参事"，然后拿着官名搭配苗字组成"财津少参事"作为日常工作、生活中的称呼罢了。而他的通称"十太郎"在其任官期间虽暂时无法使用，但仍然存在，所以并不是失去了通称改成了官名。否则待到财津氏"免官"之日，他就再无人名可用了。新政府要求各地官员申报"苗字+通称+实名"而非"苗字+官名+实名"，正是基于这一认知而来。

对于大多数人来说，他们思考问题的立足点却是大众的人名常识。于是在面对上头的指令时，众人全部都卡在了第一步——"哈？官名和通称不一样吗？"以职员令的推出为界，整个社会对于人名的认知和观念在新政策的不断推出下，就似被偷换概念般悄然发生了改变。然而新政府对此并未事先告知，这就导致大批不了解朝廷人名常识的藩职员在收到申报"苗字+通称+姓+实名"的命令后不知所措。

实在是太莫名其妙了啊

而那些将实名拿来做通称使用的官员，他们按照上面的命令申报己名，却意外闹出了许多笑话，搞得一地鸡毛。面对"苗字＋通称＋姓＋实名"的格式要求，这些实名、通称相同者是如何应对的呢——从各地提交的职员表来看，他们也算是费尽心机了，但这只让整个人名登记工作变得越来越混乱不堪。

以高锅藩为例。该藩职员中有多人将实名做通称使用，所以按照格式，他们分别以"手塚吉康源吉康""大坪格平格""筱原长光大藏长光"等名向上申报。因实名、通称相同，又必须遵守上面的命令，他们只能硬着头皮如此书写己名。但只要和那些正正规规的"财津十太郎藤原吉一"一对比，职员表内的这些奇特人名就好似正品里掺杂着假货一般，实在是有些不像话。

另以关宿藩为例。职员表内"和田舍五郎平义正""伊藤薰藤原直盈"等人名中，混杂着"鬼井源满次""羽太源胜典"之类的奇特例子。应是因为实名与通称相同，为了避免重复故意略去了通称。不过正因如此，此类人名便不免让观者心生违和——明明其他申报的人名都严格区分实名与通称，到了这儿就立时混淆一团，甚至通称、实名两者难辨，真可谓"不成体统"。

为了解决这一问题。明治四年三月，新政府就关宿藩19名藩职员的人名登记下达指令，大致意思是，"凡是以实名做通称使用之人，一律需重新设计实名，再统一重新向上申报"。新政府还以其中一名藩职员为例做了示范：龟井满次（姓名为源满次）可改为龟井清。就此，如羽太胜典（姓名为源胜典）改成羽太尚雄这般，一众藩职员纷纷改名——总算是用这样的方式大幅减少了那些奇特人名的出现，挽回了一些颜面。

这一时期，新政府逐步"拨乱反正"，不仅要将"姓名"推为世间众人真正使用的人名，同时有意识地区分官名与"人名"（通称）。不过为了达成这一目标，新政府就不得不从一众官员入手，将他们的官名（非人名），以及作为人名使用的苗字、通称、姓、尸、实名等全部搜罗在册。然而正如下一章会介绍到的那般，上述的这些人名要素并非固定不变，皆可进行更改与调整（如改姓名）。只要个人根据需要进行申请，诸人名要素就会随之发生变更。这就导致想要适时、全面地搜集、掌握所有人的一切人名信息，不仅仅是需要不断申报的官员，就连新政府都开始觉得不堪重负。

从江户时代的一般常识来看，要了解、管理众人之名非常简单，只以"人名"（苗字＋通称）即可。但明治二年七月职员令颁布后，新政府不但要求区分官名与通称，还要以"复古"为理念要求众人使用"姓名"，以至于原本简单的问题变得复杂无比。再加上新政府此举无疑将原本鲜有人知的朝廷人名常识直接搬到台面上，与社会大众的认知展开"正面交锋"，使得这场混乱变得越发不可收场，搅得世间"人仰马翻"。

明治二年七月至明治五年五月，围绕人名问题"天下大乱"——一会儿通称，一会儿实名，一下子冒出一堆皆可作人名之物。而其始作俑者正是明治政府，真可谓"自作自受"。大部分官员对此也是头疼不已。他们生长于一般人名常识的世界。早在江户时代，"人名"与"姓名"的用途完全不同，绝不会有人认为"一个人应该同时拥有两名（通称与实名）"，更没有人会为了这样的"一人两名"而庸人自扰。

三 骤然终结的"正名"

解决之策的提出

不断推进"姓名人名化"的新政府，更准确地来说，应是渴求"复古"的旧公家势力为避忌直呼人名（实名），其实并不反对一直以来以官位或通称称名的习惯，甚至对通称这样的人名要素也没有任何否定之意。因此当时人以"苗字＋官名"或"苗字＋通称"为名使用实属稀松平常、司空见惯。

然而随着职员令的推出，继续按江户时代以来"苗字＋官名"形式称呼人名不免发生如前文"吉原大参事"那般的"同姓同官"问题。明治三年末，新政府终于酝酿出了针对该问题的解决之策。

明治三年十一月，"大学"（后改成"大学校"，即现在文部省的前身）就"同官同姓"（此地所谓"姓"指的是苗字）问题向新政府上书咨询，大致意思是，"若两人同官同姓，便给新任者的官名添上'新'字，以'新某官'的方式进行区分。那么三人及三人以上同官同姓的话，该如何区分"。收到询问后，处理官制改革等事务的制度局无奈回应道："三人及三人以上同官同姓的情况，除了添以'一、二、三、四、甲、乙、丙、丁'等字进行区分，现时并无良策。"此后制度局也承认这样的调整方法颇不合理，并指出正是因为在"苗字＋官名"的人名形式中，官名所在的位置与通称相同，此即"祸乱之源"。

于是，制度局提出了新的方案：今后可以"官名＋苗字＋实名"的顺序表记人名。换言之，本来是"加藤大学大丞"，之后改成"大学大丞加藤弘之"。如此这般就算出现了同姓同官者，也能够应对自如。按制度局的想法，一旦再度出现同姓同官者，只要让其中一人更改实名即可，非常便利，的确有其独到之处。这一提案的关键在于不再把官名放在通称的位置上，所以"<ruby>姓<rt>苗字</rt></ruby>之下接官名"的形式变成了"官名之下接<ruby>姓名<rt>苗字实名</rt></ruby>"。

同年十二月二十二日，新政府通过该提案，并发布太政官布告下达新令。其内容有二：

第一，在官者不再以"苗字＋官名"记名，此后署名全部使用新形式"官名＋苗字＋实名"；

第二，非役有位者也不再以使用至今的"苗字＋位阶"记名，此后署名全部使用新形式"位阶＋苗字＋实名"（例如"稻叶从四位"之后就变成了"从四位稻叶正守"）。

"苗字＋实名"的登场

新政令的颁布带来了新的人名表记形式"苗字＋实名"。至此，官位也与早先的职名一样，变成了书写在人名上的一种头衔，彻底从类似人名（通称）的位置"走下神坛"。世人也清晰地意识到，现在官名已经不是一种通称了。

不过，就在新政令出台的翌日，新政府又补发了一则布告，大意是"平日文书往来等场合，原先'简略式'的人名表记形式（即至今为止'苗字＋官名'的形式）仍可使用，但如果碰到了同苗字同官位的情况，就必须书以实名做区分"。于是，当时就存在三种针对在官者与非役有位者的人名表记标准。其形式如下所示。

①最正式的表记形式：官位＋姓尸＋实名。例：从五位守大学大丞藤原朝臣弘之。

②标准的表记形式：官（或者位）＋苗字＋实名。例：大学大丞藤原弘之。

③简略式表记形式：苗字＋官名。例：加藤大学大丞。

其中，①是在位署书中出现的"姓名"形式；②是刚刚通过新政令颁布的标准人名表记方式；③则为受中央首肯，在日常生活中仍可以使用的"简略式"表记形式。

明治三年十二月新政令的成效如何，翻一翻《太政官日志》等史料便一目了然。在该令颁布前，人名的表记方式主要为"苗字＋官位"（实名鲜有人使用），如"河野弹正大忠""花房外务权少丞""松平西尾藩知事""松本从七位"。而在政令推出后，《太政官日志》中的人名表记全部统一变更为"官位＋苗字＋实名"的形式，如"庶务正北代正臣""民部权大丞林友幸""泉藩知事本多忠伸""从六位中村博爱"等。虽然此后仍旧有人继续以第③类"简略式"的方式表记人名，看上去似是"官位做通称"之遗风，但实际上凡是使用这类表记形式的，基本上了然"官名并非人名（通称）"。慢慢地，"苗字＋官位"的表记方式就变成了我们现在熟知的称呼方式，如"安倍内阁总理大臣"或者"竹下教授""田中总务科长"之类。

随着职员令的颁布，官名回到了"官职名"的本义，名实一致、名副其实，而自江户时代以来，大众常识中官名即人名的观念也渐渐分崩离析。官名作为通行公私两界人名（一种较高品级的"通称"）的习俗至此走到了历史的尾声。

"正名"的末路

以旧公家势力背后的朝廷常识为底色，官职"正名""姓名人名化"等诸多"复古"之策一路高歌猛进。而那些长期浸淫在武家及一般社会常识中的各级官员却只好跟在后面疲于奔命。然而时局瞬息万变，自明治四年下半年起，身居新政府高位的一众旧公卿、旧诸侯接连离职，一直以来以"复古"为中心的各项施政之举也就此迅速降温。

明治四年七月十四日，新政府免去各地知藩事官职，废除藩一级的行政单位，改而以县代之，是为"废藩置县"。同月二十九日，新政府设"三院制"，将太政官拆分为正院（最高权力机关）、左院（立法机关）、右院（行政机关）。三院制是日本历史上从未出现过的新制。随着它的诞生，旧公卿也相继从政府要职上退位让贤。

明治初年以来，旧公卿、旧诸侯虽任各级政府的长官，却只是"名誉上的领导"，实际工作则由以萨长土肥为首的旧藩士负责。新政府完成三院制改组后，旧藩士终于"名副其实"地掌握了实权，陆续出任要职。而随着公家势力的离场，以"复古"为理念的种种"一新"举措也不复往日的巨大影响力。新政府终于可以放开手脚，不用再受"正名"之论掣肘。

姓名退出历史舞台

很快，新政府便在同年八月十日废除自古代以来的"官位相当制"，新设"十五官等制"的新官职序列。从此，官、位两者之间再无瓜葛。同时，把"姓名"用作正式人名的举措也因不具备任何实用性就此作罢，不再推进。

同年九月二十七日，正院就"位记、官记及一切公文，除姓尸，署 氏名^{（苗字·实名）}"一事向左院咨询。咨询案提议官位记等公文书上不再使用"姓名"（姓尸名），可沿用已有的官员记名标准"苗字＋实名"。三十日，左院回应" 氏^{（本姓）} 者、尸者皆有名无实之属，更如无益无义之物"，认为"姓尸"之类没有任何存在的必要，赞成"氏尸废之，只称苗字与名"。如今掌握实权的这批旧藩士生长于江户时代一般人名常识的社会中，所以在他们看来，以"复古"为信条，强行将"姓名"推动为正式人名不过是无视现实、令人耻笑的愚行。

于是，新政府在同年十月十二日发布公告："自今以位记、官位为始，一切公用文书除姓尸外，唯以苗字实名。"从这一时刻起，公文书上便不再使用姓名（姓尸名），官位记上也不再使用"姓尸实名"，改为"苗氏实名"（图6-7）。顺带一提，这一时期苗字往往多被写成"苗氏"（"苗字""苗氏"两者混用）。

"姓名废止令"颁布后不久，各级官员的名单也很快将格式

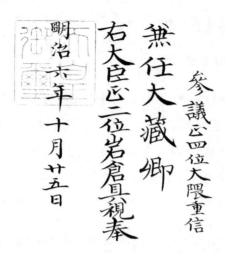

图 6-7　大隈重信的官位记（1873）

说明：人名的书写形式已从"姓名"变成了"苗氏实名"。

资料来源：早稻田大学图书馆藏。

统一成了"苗字＋实名"的形式（图6-8）。基于社会现状，废止"姓名"的举措深得人心，所以整个过程推进得非常顺利。而早先旧公家势力"姓名人名化"的努力，随着他们日渐远离朝堂，一同消失在了人们的视野中。

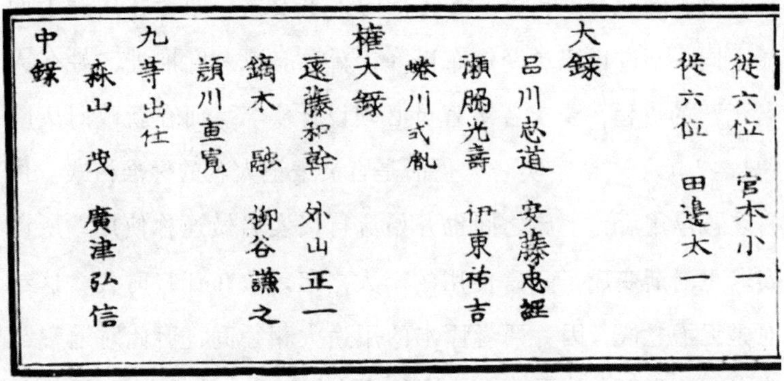
従六位 宮本小一
従六位 田邊太一
大録
品川忠道 安藤忠経
瀬脇光壽 伊東祐吉
蜷川式胤
權大録
遠藤和幹 外山正一
鏑木融 柳谷謙之
頴川重寛
九等出仕
森山茂 廣津弘信
中録

图 6-8　从姓名到苗字实名

说明：图为部分外务省官员名单。

资料来源：『袖珍官員録』、明治四年十二月。

不过，此处所言“苗字实名”（苗字+实名）仍非今日常用的“氏名”。这时候的通称与实名仍旧是两个完全不同的事物。

通称与实名的同化

明治五年一月，儿玉七十郎就任宫内少丞，之后他便以“儿玉之修”，即“苗字+实名”的形式为名（若以官名称之，则写作“宫内少丞儿玉之修”）。任官后，公务上若需要在文书上署名，一般署以“苗字+实名”的方式，不会使用通称“七十郎”。但与江户时代不同的是，此时任官已不再意味着从“七十郎”改名为“之修”，儿玉氏仍然持有“七十郎”这一通称。尽管在执行公务时儿玉氏一律使用实名，但只要回到家后，便继续以通称为名。

终江户一朝，通称与实名分别是组成“人名”（苗字+通称）和"姓名"（本姓＋实名）的人名要素，两者在用途上明显不同。不过自职员令颁布以降，新政府曾一度推进"姓名人名化"的进程，要求各级官员必须设计实名。而在新政府废除"姓名"后，"苗字实名"仍旧是官员表记人名的标准格式。仿官名被停用后，士族之间也开始流行以实名做通称使用，所以实名也渐渐变成了日常使用的个人之名。放在江户时代，这绝对是无稽之谈，因为两者原本的用途大相径庭，但此时通称与实名正逐步走向趋同。于是就在当时出现了一种呼声："通称与实名，两者用途趋近却称呼相异，混杂一同，可否二者取一。"

归于"一人一名"

明治五年五月四日，正院就"从来，士族以下，通称、实名两样相唱，自今唯一人一名"一事向左院咨询。当下之世，同一人一会儿使用通称，一会儿又以实名为名，难以分辨。且与江户时代不同，通称与实名此时早已同化。正院提议，不若二者取一，只保留其中一种作为称呼人名的部件。就此，左院陈书："通称、实名之内，自今应取一人一名，未有异议。"三日后的五月七日，太政官便发布了如下布告：

> 从来通称、名乘两样相用，自今须归于一名。

即从此往后，个人作名使用时，只需在通称与实名（名乘）中选择其一即可。新政府颁布该令也算是顺应了明治初年人名观念嬗变的大势。此令一出，效果立竿见影。从该政令推出前

222

后的职员录（《袖珍官员录》）来看，原本超过半数的官员以实名登记人名，但明治五年后，部分官员不再记以实名，而选择用自己本来的通称作"名"。如"鸟尾熙光"改为"鸟尾小弥太"，"冈本义方"变为"冈本健三郎"。反正通称与实名只要两者取一，新政府交由个人自行选择（图6－9）。

从这一时刻起，"后藤象二郎"（旧通称而来之"名"）与"西乡隆盛"（旧实名而来之"名"）并肩而列，不再做区分。新布告的出台使得实名、通称合二为一，打造出日本历史上前所未有的新概念——"名"。在此之前"象二郎"还是通称，明治五年五月七日后，它既非通称也非实名，而是人"名"。通称、实名两者统一，新概念"名"就此诞生。

○大蔵省　壬申十一月〇日改

卿	從三位	大久保利通
大輔	從五位	井上　馨
少輔	從六位	吉田清成
大丞	從五位	渡辺　清
	正六位	渋澤榮一
	正六位	岡本義方
四等出仕		

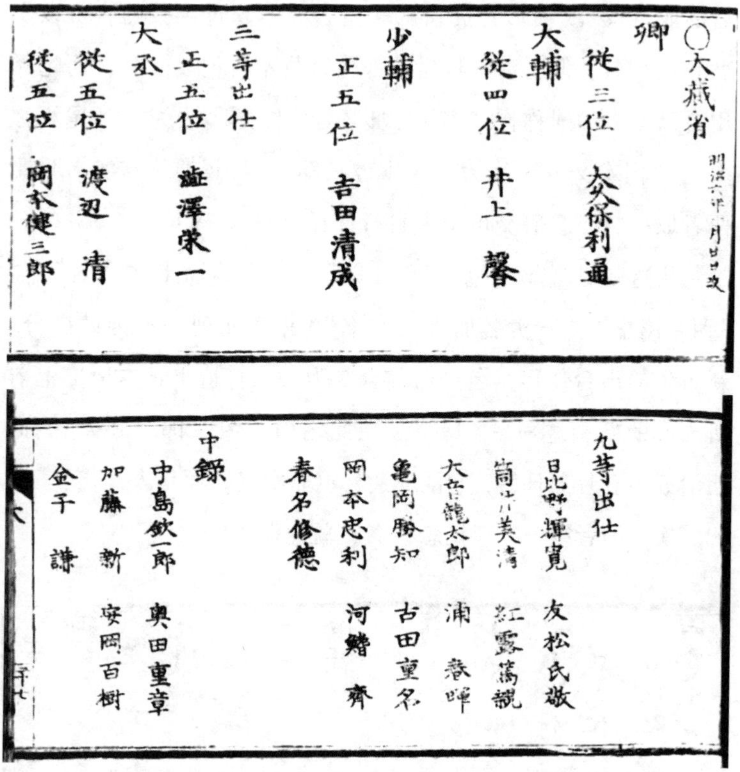
○大蔵省　明治六年一月廿日改
卿　従三位　大久保利通
大輔　従四位　井上馨
少輔　正五位　吉田清成
三等出仕　正五位　澁澤栄一
大丞　従五位　渡辺清
従五位　岡本健三郎

九等出仕
日比野輝寛　友松氏徴
筒井美清　紅露蒿靚
大音龍太郎　浦　春暉
亀岡勝知　古田重名
岡本忠利　河鰭　斉
春名修徳
中録
中島欽一郎　奥田重章
加藤　新　安岡百樹
金子　謙

图 6－9　从苗字实名到苗字名（氏名）

说明：上页图为明治四年版，本页两图为明治六年版。图为部分大藏省官员的名单。其中仍有许多官员继续以旧实名为“名”，但也不乏像“冈本义方”改为“冈本健三郎”这样改为用通称为“名”的例子。除了图中之例，其他页中也能见到早先常见的通称系“名”，如喜作、才吉、仓之助、源之进、市兵卫、休右卫门、太郎左卫门等。可见，通称系“名”与实名系“名”同列一堂已非奇事，为当时的常态。

资料来源：『袖珍官員録』、明治四年十二月；『袖珍官員録』、明治六年一月。

那些消失的人名部件

这场始自明治初年，围绕人名上演的“混乱大剧”历时约

5 年，波及甚广，最终在新概念"名"登场后慢慢落下帷幕。而就此成型的人名新形式苗字（氏）＋"名"，正是当下"氏名"的前身。明治五年五月七日，在继承了部分"人名"与"姓名"的基础上，"氏名"呱呱坠地。为更清晰地梳理整个发展过程，将近代"氏名"与江户时代以来"人名""姓名"之间的关系制成图6-10。

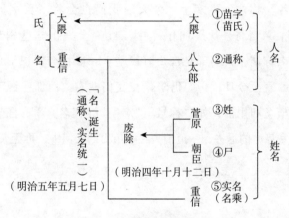

图6-10 近代氏名的诞生

通称与实名概念统一后，早先使用实名者即为官员或"士族以上"的观念也随之土崩瓦解。自"名"出现后，江户时代以人名彰显使用者身份及社会地位的作用也就此消失殆尽。一般而言，庶民很少会以实名为名，士族之间却很流行，不过以通称为名的士族更不在少数。而且从理论上来说，庶民也可以实名为名，而"名"又出自旧通称、实名两大体系，所以很难再通过人"名"来判断使用者的出身与社会地位了。随着时代进一步发展，实名式"名"也好，通称式"名"也罢，仅仅是父母在给孩子起名时的人名可选项，没人会去在意它们背后所蕴含的历史意义。如实名式"名"一度可以用来明示使用者的士族身份，但此时已经丧失了这一功能。

不过，法律上正式将苗字、苗氏等术语统一为"氏"，则要等到明治十一年（井户田博史 2003）。而"氏名"一词历史上很早就出现过，但是在明治五年前后，人们常以"苗字名"或"苗氏名"称之。事实上，今天的我们也会将"氏名"称为"姓名"，或者将"氏"叫作"姓""苗字"——这些别具时代感的人名称谓，其实都是江户时代基于一般社会常识形成的历史产物。直至今日，它们仍陪伴在我们左右。而那些源于朝廷常识的概念和用语，如"称号""名字"（实名）等，随着明治四年公家势力的退去，一道消失在了历史的长河中，再无人问津。

第七章
"氏名"与国民管理

《往返横滨之蒸汽火车全图》（1872 年，日本早稻田大学图书馆藏）

说明：明治五年五月七日，这一天不仅是新概念"名"的诞生之日，也是品川—横滨铁路（日本首条铁路）试运营的日子。

一　强制推行的苗字政策

平民①之"名"

明治五年五月七日，现代日本的"氏名"概念诞生。明治初年就人名问题，以"复古""正名"为基调，新政府的种种举措"无事生非"，搅得当时各级官员及华族、士族群体"焦头烂额"。这一天的到来终于让这场"混乱大剧"落下帷幕。

在此期间，尽管受明治三年"苗字自由化"，以及"禁用旧官名"为通称等政令所波及，但庶民在人名使用上仍然延续江户时代以来的传统，不需要和官员等群体一样设计、申告"姓名"，只需在宗门人别帐（辑成至明治四年）或户籍上登记"人名"即可。在对公的正式场合，庶民依然继续只以"人名"做名。

---

① 1869 年版籍奉还后，明治政府将农工商身份改称平民。日语中"庶民"指"一般民众，人民"，与"平民"意思相近，略有不同。在原书中，近代以前作者只使用"庶民"，到江户、近代交替时则"庶民""平民"两者混用，再到完全进入明治时代（约 1872 年）后基本只使用"平民"，或有其特别考量。为尊重原文，译文也不对"庶民""平民"进行统一，保留两种用法。

本姓、名乘（实名）皆不用做人名，是自江户时代以来的社会常识。因此明治五年通称与实名只取"一名"的布告一出，涉及对象仍旧是一众官员及华族、士族群体，与庶民并没有太多直接关系。

话虽如此，就在布告发布 10 天后的明治五年五月十七日，足柄县向新政府发文咨询，意思是该政令"是否同样也适用于平民"。新政府亦附和足柄县其问，给予肯定。于是，整合了通称与实名的新概念"名"也从此走进平民之名的领域。换言之，譬如有人叫作"权右卫门"，在明治五年五月七日后他的人名虽不会改变，"权右卫门"的属性却发生了变化，从江户时代的通称变成了明治时代的新概念"名"。纵然"权右卫门"此"名"本就由通称而来。而此时此刻，我们已不能将其算作通称了。随着新概念"名"的登场，通称与实名也就此从对公的正式场合中走下了历史舞台。

含义不明的苗字自由令

明治三年九月十九日，新政府颁布"苗字公称自由化"，给庶民的人名带来了前所未有的变化。

在这之前的明治二年七月，新政府向府、县下达民政指导方针"府县奉职规则"。其中明文规定，作为褒奖之策，允许庶民中的善行人士拥有"苗字带刀"之权。此处所指"苗字"，即"苗字公称"，指平民得到明治政府或地方官的允许，可以在对公的正式场合使用苗字，是为一种特别的身份象征。这也是江户时代"苗字御免"传统在新时代的延续。

然而就在"苗字公称即身份象征"观念盛行之际，明治三年九月十九日，新政府突然发布了仅仅11字的布告"自今亦允平民以苗字称之"（下文统称为苗字自由令）。这一突如其来又没头没尾的政令把各府、县的地方官弄得措手不及。同月二十九日，京都府抱着明显的不信任感，就此事向政府咨询，大致意思是，"此布告到底是何意，是说今后平民也可以名正言顺、自由自在地对公称用苗字了，还是说仅仅是'亦允许'，并非任由平民随意对公称用苗字，而是需要通过申请，并经审查批准后才可由其使用？"

面对京都府的询问，政府却只以"从前禁止（苗字公称），今次允许"草草几字敷衍回应。最终在十月十二日，京都府将九月十九日出台的太政官布告向府下传达。不过京都府知事在其中另外说明道："自今平民一般，皆可称苗字矣。"看来，为了避免治下之民误读太政官布告，京都府做出了"人人平等，皆可称用苗字"的补充。自此以后，在京都府治下，平民的苗字公称不再是特权，变成了众人皆可的普遍现象。不过，就与前述废除旧官名后的各地反应一样，府、藩、县对于中央下达的指令解读不一，对应之策也林林总总、不尽相同。因此地方是否正确执行了中央的指令，还要待日后由新政府自己去一一核查。

"苗字公称"价值的消亡

对于江户时代的庶民而言，苗字并非构成人名的必需成分，并非所有场合都会用到苗字。不过，基本上每个人也拥有苗字，自古以来代代相传。苗字还与农村社会内的等级秩序紧密关联。终江户一朝，幕府也无意干涉各村内部的传统、习俗、惯例，所以从理论上来说，并不会去禁止庶民在私人领域使用苗字（苗字私称）。但庶民若想要在奉行所等衙门办理事务时使用苗字（苗字公称），就必须得到幕府或领主的批准。因此苗字公称，或称"苗字御免"，作为一种特权，对庶民来说有着特殊的意义与价值。在重视"上下有别"的江户社会中，苗字公称起着判断使用者身份和社会地位的重要作用。然而明治政府事先并未与地方通气，突然就向下发布了苗字自由令，欲一举废除苗字公称。

布告颁布后的次月（明治三年十月），就苗字自由令，奈良县上书陈情，以书面形式表达了自己的不满，言辞比京都府更为激烈。其文大意为，"苗字公称可辨上下之别，是国之根本。若使苗字公称自由化，就会破坏社会秩序，给民政带来负面影响。硬要推行此令，或会诱发祸乱。故允许善人、恶人皆以苗字公称，诚为良策否"。另外，对于中央事先不沟通，事后不做任何解释的态度，奈良县也毫不掩饰其愤懑之情。在奈良县递交给中央的陈书中，甚至还能看到"吾等愚钝，实难参透布告真意"之类的文字，夹枪带棍，一股讽刺之味。说是向新政府"咨询"，实则几近"抗议"（时任奈良县知事的就是现在我们一般称为"海江田信义"[①] 的那位知名人物）。

---

① 海江田信义（1832—1906），又作有村俊斋，萨摩藩士出身，明治政府官僚，幕末、明治维新时的"风云人物"之一。海江氏与西乡隆盛交好，为尊攘派一员，1868 年戊辰战争时担任东海道先锋总督府参谋。进入明治时代后，海江氏历任奈良县知事、枢密院顾问官等职。

当时中央政府由民部（大藏）省主管民政，一副盛气凌人之姿，对地方官上呈的民情充耳不闻，只求租税增征。这也导致明治二年末至明治四年初，各地蜂起反对新政府的士族叛乱与农民起义。新政府内部对民部（大藏）省的飞扬跋扈及闭目塞听也颇有微词，致使发生政治对立，互相攻讦。奈良县这次"略带感性"的上书陈情实际上充斥了对中央，特别是对民部（大藏）省的强烈不满。然而新政府面对奈良县的询问，只以一句"有族者岂能无氏，众生皆可称苗字矣"——用一种近似无厘头的方式含糊对付了过去，完全不理会奈良县的疾言怒色。

苗字自由令的推出宣告了旧幕府时代"苗字御免"价值的终结。苗字公称是特权，是身份地位象征的这一观念也就此烟消云散。不过苗字自由令的影响也仅限于此，除了可被视作新政府改革江户时代身份格式政策的一环，完全看不出是否还有其他目的。甚至新政府都没有借此令颁布之机，顺势将全国庶民之名统一为"苗字＋通称"的形式。此时的新政府其实一点都没将平民之名或者苗字使用等问题放在心上，所以直至明治八年，平民的苗字使用完全处在"爱用不用，悉听尊便"的状态。

"苗字强制令"的历史背景

新政府出台苗字自由令的目的，仅在于废除苗字公称——这一旧幕府建立的身份格式制度，并非所谓"民心所向"之举。某某村的权兵卫、孙右卫门、新助，某某町的鹤舞辰三郎、大工助作等一干平民，他们的"人名"仍旧延续江户时代以来的传统，该怎样还是怎样。

明治五年五月七日，新政府推出人名新概念"名"，为自己一手酿成的官员、华族、士族人名乱象收拾残局。至于平民之"名"，新政府却将其置之度外，没有任何动作。

在这里让我们再对江户时代的"苗字"常识稍做回顾。前文有述，苗字是农村、町或者各地域构筑同族关系、维持社会秩序，甚至在某种意义上来说也是开展日常活动的必要"信息手段"。譬如村中庄屋某兵卫，苗字"铃木"，而其分家之苗字则为"安田"；又如毗邻之居，左边的勘兵卫出自"小野一同"，是为小野勘兵卫，隔壁的乌屋四郎兵卫的苗字却是"山田"；再如出生于丹波国，便自然拿"丹波"做苗字用，诸如此类。苗字是彰显同族、同地域、同集团的识别"标志"，互相知晓对方的苗字也并非新鲜事。

不过，人们并不会在自称己名时每每都加上苗字，称呼他人亦是如此。生活在江户时代的人们更不会冒出"没有苗字好可怜啊""不称苗字很不方便"这样的想法。再啰唆几句，与现在"氏名"不同，在江户时代人们的常识里，苗字并非构成人名不可或缺的组成部分。

令僧侣使用苗字

江户时代，僧侣起名无须苗字。但明治五年九月十四日，新政府下令所有僧侣必须设计、选定苗字。此时宗教相关事务由教部省负责。一众僧侣需以"僧籍"形式登记在册，也因此要先平民一步做出必须使用苗字的强制命令。

江户时代，除了真宗系①诸派，僧侣不可娶妻生子，更鲜有堂而皇之代代世袭之例。明治五年四月二十五日，新政府允许所有僧侣娶妻，这么做的目的并非出于"僧俗关系"的考量，而是将僧侣纳入"国民"编制，推进"新国家"的制度改革。

该令下达后，在僧侣所登记的苗字中，多能见到诸如"释""竺""浮屠"等与宗教有关的字眼。明治六年四月九日，教部省发布布告，指出"此等苗字欠妥"，禁止日后再使用同类字词进行苗字申告。但同月十四日，正院以"并未欠妥"为由撤销了教部省在四月九日下达的布告。教部省本来考虑的是，苗字乃一族或集团内部共享的"一族之名"，并被用来对外明示这种团体关系，基于此点，"释""浮屠"等字词就不适合拿来做苗字，它们与苗字所承载的内涵不符。然而新政府并不要求苗字必须是"一族之名"，没有在这个问题上咬文嚼字。对新政府来说，苗字不过是用来管理每一位"国民"的人名识别符号，而且必须与"名"相组合。

大而言之，就新政府撤销教部省指令之举，我们可以看到在"苗字问题"上，无论是僧侣还是平民，在设计、选定苗字时其实并不用在意是否为"一族之名"，只要能识别人名，只要能接在"名"之前就行了——这才是新政府真正的意图。江户时代的人们分属不同集团，有着形形色色的身份格式、上下关系，每个人又在其中扮演着不同的角色。进入新时代，随着中央集权式近代国家逐渐成形，明治政府期望能够打破"壁垒"，

---

① 指日本的"净土真宗"。

把所有生活在日本这片土地上的人们从原来所属的集团中剥离出来，使之成为人人平等的新"国家"的一位"国民"。因此新政府也不断在推进"国民"一元化管理的进程。

江户时代社会的特征是"分而治之"，幕府统领一众诸侯，但不会干涉各地领主及社会集团的内部运营。因此，最高统治者没有必要对各地、各集团内部的成员，或者说对全国每一个人都要如数家珍、了如指掌。然而近代国家的建成给"国家"一元化管理"国民"奠定了基础。明治四年户籍法颁布，次年日本全国开始开展编制户籍的工作。"苗字问题"也成为其能否顺利推进的关键。不过对于"国家"而言，它既不会去关心苗字背后的血缘纽带，也不会在意某些苗字是否能够随意取用——"氏名"仅仅是"国家"管理"国民"的一个道具罢了。

苗字强制令的实施

近代日本"国民"有服兵役之义务。明治六年十一月二十八日，新政府颁布征兵诏书晓示天下，并于次年一月十日开始正式实施。

征兵令推出后，众人避之不及。初次征兵时，逃役者横行，竟然有80%符合条件的征兵对象拒服兵役。于是新政府发现若想要严格执行征兵工作，就必须贯彻一人一名的"氏名"管理制度。因为在征兵过程中，依然有大量的平民没有苗字，新政府这才意识到问题的严重性。即使之前已经展开了全国范围的户籍编制工作，但仍有部分地域并未一一记录苗字信息就匆匆了事。

明治八年一月十四日，陆军卿山县有朋为推进征兵事务的顺利实施，向太政大臣三条实美提出咨问，力陈平民必须使用苗字（图7-1）。笔者特地找来了原稿，其内容如下所示。

四民一般，尝下令使之用以苗字。然偏远之小民，今尚无苗字者有之。此于兵籍查验一事无益。故于前述无苗字者，望再下令命之……

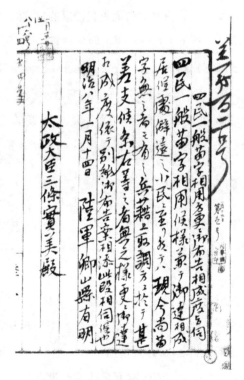

图7-1　山县有朋的咨问信

资料来源：『公文録』第 35 卷、1875。

也就是说，之前政府已经颁布布告（明治三年的苗字自由令），要求四民（包括各种族籍、职业在内的所有国民）使用苗字。但直至此时，还有地方"小民"不用（没有）苗字。而国民没有苗字这一问题给政府处理征兵事务带来了极大的不便。为了推进征兵工作的实施，山县有朋力言陈书，希望新政府可以下令，在全国强制推行使用苗字。

同月二十四日，户籍头衫浦让向左院呈报，内容大意是，自明治三年颁布苗字自由令以降，平民"有用苗字者，亦有不用者。纵令各地实地查验，亦如古来之习，由之任之"——即在苗字自由令的具体执行上完全没有章法，平民对此也随意处之，各地府、县也不强制要求治下之民使用苗字。平民使用苗字的习惯依旧沿袭了江户时代以来的传统，想用就用，不用也无所谓。

面对此等情况，同月二十九日，新政府以"于查验不便"为定论通过了山县有朋的提案。为提升"国民管理"的效率，新政府决定发布新政令，强制推行使用苗字。于是二月十三日，太政官布告出台，其文如下（即苗字强制令①）。

> 平民苗字许可之旨，明治三年九月布告既出。而自今必称以苗字。尤以先祖以来苗字不分明者，另设新苗字，以此布告。

也即是说，新政府在明治三年虽然已经实施"苗字公称自由化"，但是从此往后必须强制使用苗字。其中凡是有不知自古以来

---

① 即"苗字必称令"。

代代相传苗字为何者，可以另设新苗字称之。这一布告正是现代日本人必以氏、名组合之形为名相称的历史起点。

然而面对世人，新政府却只字未言"为何必须要以苗字相称"。

被隐藏的真相

新政府为何不发一言，其背后又隐藏了什么真相？前述山县有朋在向政府提出咨询时，还另外附上了一份苗字强制令的"布告提案"（《公文录》第35卷）。让我们回到历史现场，看一看从"布告提案"到太政官正式版发布为止到底发生了哪些变化，政府又对哪些内容做了删改。其史料原文如下：

平民苗〔字/氏〕许可之〔事/旨，明治三年九月〕，去庚午九月十九日布告既出。①闻偏远之小民，今尚无苗字者有之，于兵籍查验一事无益。而自今②〔可称以苗氏/必称以苗字〕。尤以先祖以来〔姓氏/苗字〕不分明者，③由该区户长授以训诲，另设新〔姓氏/苗字〕，此旨以此布告告之。

其中，□为贴纸（覆盖原文的纸条），原始史料中若有删改，皆覆以贴纸；被删除的内容添加"删除线"；修改的内容则书以小字列于原文之上；①～③是为便于后文叙述所添的数字。

相比"布告提案"原文，正式版布告对"苗氏""姓氏"等表记形式做了统一调整。除此之外，①～③三处内容政府做了较大变更，需重点关注。

①"布告提案"点明了强制推行使用苗字的关键原因，即"地方上仍有无苗字者，给政府的国民管理带来了不便"，但是在正式版布告中将此部分内容全部删除。由此可知，政府并不愿意让民众了解这一政策实施的具体缘由。

②正式版布告中添上了"必"字，等于明示天下，此令与明治三年版布告不同，是为强制命令。

③最后，正式版布告还删除了"由各区户长来指导各地平民使用苗字"这段内容。虽然平民在设计、选定苗字后会由各户户主向区长、户长申告，但是若要把所有的责任都压在区户长的身上，政府似乎也觉得担子太重了。故而笔者认为政府删掉此段内容就是为了避免给世人造成误解，以为选用、使用苗字的决定权在区户长之手。

当时各区户长多由早先的庄屋或名主留任。他们也基本清楚同村、同町各户主历代相传的苗字。若突然冒出来一个不合时宜的奇珍异名，不用等到上头指示，区户长就会去"说教劝诫"，让其停用该苗字。对此政府却并不关心。平民选定和使用的苗字是否真的符合其原来的血缘关系、族群关系，也不需要经过府、县或中央政府的审核。因此正式版布告提到了"另设新苗字"却没有具体说明"该如何设定"。对新政府而言，强制推行使用苗字就是因为"于兵籍查验一事无益"或者"于查验不便"，仅仅出于"国家"对"国民"进行管理的考虑。只是这一真相在经过政府删改"布告提案"后就销声匿迹了。苗字强制令也就在一般民众不知其本意的情况下公示天下。

苗字的设计与选定

强制令颁布后，普罗大众该如何设计与选定苗字呢？虽说此时出现了许多来历不明的苗字，不过如百姓等群体几乎都直接拿代代相传的苗字来用。因此直至今日，若我们去一些农村，仍能发现"那个地方叫田井中的很多啊"或者"那个村全部都姓藤野，稍微远一点的同郡之村也必有称藤野之人"等情况，并不稀奇。中世以来，苗字是反映同族关系的重要指标，而这种同族关系所涵盖的地域又远超江户时代各地所划定的村落范围，所以某些地域内会遍布同姓（苗字）者〔不过在鹿儿岛县，当时有许多百姓选择用"门名"（多是村内的一些地名）做苗字。苗字的设计与选定有着非常大的地域差别〕。

而在城市里，尤其是那些居住在甬道或后巷长屋①内的人们，因不知传家苗字为何，便多由自己重新设计。如大阪府谷町三丁目的一处长屋（居住着46户人）便取了赤穗义士的苗字抽签分配。此后，该地就被称作忠臣藏长屋（《读卖新闻》明治十五年三月三日）。

可在政府眼中，就好比僧侣以"释"为苗字却无不妥那般，不会去关心平民在选定苗字时是否正确取用了"一族之名号"，也不会在意这些苗字背后所承载的血缘关系、族群关系——"总之怎么来都行，只要能用来识别人名、便于管理，只要能放在'名'之上互相组合即可"，这才是其本意。故而就算有些苗

---

① 指将一栋房子分给数户人家合住的房子。

字按其本义或者于传统习俗而言为失当，但政府不会采取任何措施，照单全收。

屋号与苗字

苗字强制令出台两个月后，明治八年四月，敦贺县就城市工商业者的苗字与屋号问题向新政府上书咨询，求问应对之策。敦贺县所问有四，如下所示。

①有人平日里使用苗字，但未停用屋号，也以屋号代苗字而称。

②有人平日里以屋号做苗字称，私人领域活动时才使用苗字。

③有人本无苗字，仅以屋号代苗字称。

④有人既不称苗字，也不称屋号，而是以大工①、锻冶、木挽②等职业代用苗字来使用。

尤其是④类人群，在户籍登记时写的也如"大工职大工某^名"一般，将"大工""锻冶"等写在个人"名"之上，非常自然地把所从事的职业"视作己之苗字"来用。这种做法在江户时代十分常见，如"百姓某兵卫""组头某右卫门"之类。可见即使到了明治时代以后，这样的称氏方式仍然比比皆是，不足为奇。在①~④中，只有①类人群在平日使用苗字，可谓苗字自由化后的社会新气象，而②③④类现象都是古来传统与习惯，放在江户时代便是常态。

---

① 木匠。
② 伐木工。

针对敦贺县的询问，新政府回应有二：①②两类人群令其使用苗字；③④类人群令其新设苗字，并要求强制使用苗字。暖帘或者招牌上的屋号作为各家的"商标"，无论如何设计、表记，新政府都不会加以干涉。但"屋名"并非苗字，新政府也不希望人们混用"屋名"，继而影响与"氏名"问题相关的各项国家施政工作。

于是在明治八年苗字强制令推出后，屋号便无法再代"氏"（苗字）而用了。不过仍有很多人希望能以屋号做苗字使用，为此也是煞费苦心。例如，某人屋号为"加贺屋"，为了能继续在人名中用此称呼，便将其中"屋"字改成"谷"或者"矢"①，以"加贺谷"等作为苗字登记人名；又或是屋号为"大阪屋"，就索性将其拿来作为苗字向上申告；还有人会把屋号"大黑屋"中的"屋"字删去，以"大黑"为苗字。诸如此类，皆乃时人"创意之产物"。这些诞生在明治时代的"新苗字"便承载了那段历史的记忆。

二 新的常识：限制改名

江户时代的改名

在江户时代，频繁改名司空见惯，是为常识。幼名、成人名、当主名等，随生涯发展自然而然发生改变。除此之外，还

---

① 在日语中，汉字"屋""谷""矢"三字同音。

会因为一些个人原因进行人名变更。然而近代以降，这样的肆意改名给国家对国民信息的收集与管理带来了不便。明治五年"氏名"诞生后，新政府开始对"改名"问题施以规范，一种新的常识也就此应运而生：一生只有一名，初定之后不再变更。

江户时代，武家社会一般把变更通称称为"改名"，改动苗字称为"改姓"或者"改苗"。一般来说，武家改名需要向个人所属组织、团体的上司提交书面申请。庶民的话，改名后会由本人向庄屋或町年寄等村、町差役提出申告，而后者只需在下一年度的宗门人别帐（一般一年一作）内，依据庶民申告的新名登记、更改即可。当然，庶民改名后若未经申告进行变更，新名便会变成伪名。但在改名时不用向上提交任何书面文件，也无须代官或奉行等管理者的批准。

至于"姓名"，即本姓与实名（名乘），包括武家在内的社会大众，既不会拿它来登记人名，也无人要求上报该类信息，自然不需要提交任何"姓名"的变更申请。不过在朝廷社会，"姓名"才是正式人名，所以在统计与管理人名时用的都是"姓名"。如果要改"姓名"，就需要向上申请，得到准许后才能变更。朝廷社会将变更本姓称为"改姓"，改动实名称为"改名"。另外为进行区分，把更改称号（苗字）称为"改号"。堂上家鲜有改姓、改号之例，地下家却频频发生。这主要是因为地下家的代际传承多通过从百姓、町人之中过继养子，又或是向其售卖原有身份、地位的方式完成，故而两代人之间往往苗字不一。

人名可变，人名所变

其实不仅是地下家，终江户一朝，"家"这一字背后所反映的身份、地位本身就暗藏"议价属性"或者"交易价值"。以此上位的继任者在办理继承手续时，名义上都说是前任的同苗血缘者（一般多以堂弟等称之，其实根本就是陌生人），倒也算合情合理。而待到手续完成后，却又常常可见改回自己原先苗字的例子。

另外或是因为个人喜好，或是一些特殊原因，人名变更也时常发生。例如萨摩藩士弥寝氏，此苗字大有来头，后来一族之人却以恢复先祖苗字为由，将其改成了"小松"。还有像"米屋七五郎"改名为"泽屋惣七"这般例子，新旧人名，无论屋号还是通称皆风马牛不相及，放在江户时代也是屡见不鲜。

再以三河二川宿的名主市左卫门为例。天保六年，他让出名主之差，收拾家当转投武士之列行奉公之举。后几经辗转，于嘉永三年以浪人"铃木启三郎"之姿与世沉浮。但对于江户时代人来说，这样的人生光景实在是世间常事、不足为奇。

与现代人脑海中的印象不同，江户时代的身份流通其实非常频繁。庶民可一跃成为武士，武士也有沦为庶民之时。在当时的观念里"以名示人"，故而人名也会随着身份、地位的变化而相应改变。浪人铃木启三郎身为二川宿名主市左卫门之子，生涯首名乃幼名"千吉"，继承家督后袭名"市左卫门"，让出名主差事后改名"传右卫门"，以武士身份奉公时又作"木村启辅"，后又经历了从"木村市左卫门"到"铃木库之助"，再到

"铃木启三郎"的一系列变更。期中有几次改名或与"世袭家名"有关，但大多随铃木启三郎喜好而来，改个名也就如汤沃雪一般，不费吹灰之力。

一会儿庶民，一会儿武士，一会儿又是浪人，铃木启三郎算是历经了一场小小的"冒险生涯"了。而如此之多的改名体验与违法乱纪丝毫搭不上边，所有的人名都是他人生某个阶段的本名。这对于秉持"一生只有一名"理念的现代人来说实在怪异，但在江户时代就如家常便饭。

作为"世袭家名"的"人名"

改名的缘由千千万万，但最重要的莫过于人名所蕴含的"商业价值"。人名与其所代表的职业、权利捆绑一体，都是可以用来买卖的"身份、特权"或者"世袭家名"。这也是江户时代独有的一道风景线。

简单来说，譬如有一米商，叫作"松屋作兵卫"，他即将金盆洗手，准备把铺子转让给太郎右卫门，而"松屋作兵卫"又是当地米商同业组织的一员。该组织会统筹管理同业者的人名、人数（一般多有定员）。如果"松屋作兵卫"退出后无人接手，那么他的"席位"就会空在那边，由团体其他成员暂代管理。新人太郎右卫门加入后，自然会由其来接棒补位。但"松屋作兵卫"不仅有一批常来捧场的老主顾，在业内也颇有信誉，所以盘下老铺的新老板太郎右卫门就会将自己的人名改成与前任一样的"松屋作兵卫"，以此名继续营业。这样的例子在当时数不胜数。

上述这般人名与职业、权利一体共生，不断"特权化"、"世袭家名化"的现象并不限于商业领域。百姓也好，武士也罢，他们都可以将人名及其背后蕴藏的身份、地位一起打包转让、传承给他人，而受任者则多改成与前任同样的人名（有时在形式上也会采取过继养子的方式）。

另外，虽言"人名"乃一人之名，但是在江户时代，还可以起到将不同"世袭家名"兼具一身的作用。换言之，就是一人在同一时期拥有代表两种不同身份的"人名"。譬如，百姓忠右卫门获得了百姓六右卫门的"席位"，但前者并未就此改名为"六右卫门"，而是同时持有"忠右卫门"与"六右卫门"两个"人名"。再如嘉永五年，有一借住在江户天德寺门前町的酱菜贩商名叫"文藏"。而他同时又以"崎山仁兵卫"这一不同"人名"在纪州藩（自然是在该藩的江户宅邸）担任"中间"①。也就是说，江户时代有人可以同时拥有两个或两个以上的不同身份，横跨不同的关系网络（未发生变更，而是同时持有）。

像忠右卫门或文藏这样，一人同时有不同身份与"人名"的情况被称为"一人两名"（其特征为不同人名之间并非前后改名，而是同时拥有）。"一人两名"有两种类型：第一种情况"合法"，即得到了领主等统治者的公认，可以在不同场合分别使用不同"人名"；第二种情况"非法"，即在形式上、表面上没有得到任何批准，但实际上、私底下同时持有不同"人名"。

---

① "地位居于武士与仆人之间"，泛指为上层武士做杂役的男子。

同一时期拥有多个本名

在江户时代，身份的横纵流动自不必说，一人同时操持不同业种的工作（亦作复业）也极其普遍。有人一边刀耕火种，一边又日中为市；也有农、商之人又作为武士兼任奉公之役，林林总总，形态不一。然而不同的社会活动受"世袭家名"、身份格式，以及各种"支配关系"等因素左右。因此，"一人两名"也好，甚至同时拥有两个以上"人名"的情况也罢，都必须根据不同的场合因时制宜，选择恰当的人名示人。不过，这并不意味着本人必须从诸多己名中挑选其一，作为唯一的标准"本名"。只是说在町中活动时，本名为"文藏"；到了纪州藩江户宅邸后，本名又是"崎山仁兵卫"，无论哪个人名都是此人本名。这才是一人同时期拥有多个本名的实态。

当然，"一人两名"如果没有得到统治者的许可，在形式上或者表面上就被视作两个不同的人。而就算得到首肯，根据不同的场合，也需要在人名的使用上分出主次。譬如町中众人知道"文藏"还有"崎山仁兵卫"之名；纪州藩也了然"崎山仁兵卫"亦作"文藏"。只要符合规矩、惯例，一人二重身份便可畅行无阻。

现代社会中，本名之外亦有笔名、艺名之说。不过若要说它们"无论哪个都是本名"，便实在有些荒唐。进入近代"氏名"时代后，本名有且只有一个，其他的都不作数。在便利店工作的山田太郎跑去图书馆兼职时，并不会将人名换成铃木义信，根本没有这样的必要。因为无论是人名所含之意，还是社会整体结构，现代社会与江户时代都有着天壤之别。

"一人两名"的世界

明治维新以后，原先生活在日本这片土地上的人们就变成了"国家"的"国民"。"氏名"也成了人们在户籍登记时的绝对标准，唯一本名。即使山田太郎以艺名"铃木义信"活跃世间，国家也绝不会将其混为一谈，更不会在户籍统计时将此二者都登记在册——"铃木义信"乃山田太郎之艺名。就算此事不为人知，山田太郎也自然要为铃木义信的所得收入负上纳税义务。无论一个人拥有多少别名，国家只会按照绝对标准，取其唯一的本名实施一元化管理。

然而在江户时代，人们并非"四民平等"之国民，也不存在国家一元化管理的社会制度。人有士庶之分，分属不同的社会集团，并在其中扮演着自己应有的角色。每个人的"人名"也由各自所属的集团统计、管理，但也仅限于这一范围内。因此在现实中，A村的百姓元三郎与B町红屋清助，他们是完全不同的两人，还是分别持有两个不同人名的同一人物，统治者不可能知晓，也没有知晓的必要。

就连宗门人别帐中的"人名"管理，也只在各集团内部自行进行。而幕府又不会再进一步实施统筹管理，所以经常出现"双重户籍"的情况。即明明是同一人，却在不同的社会集团内以不同的人名登记在册。在各集团独立实施管理的多元社会中，只要不影响各自集团的正常运行，就没有必要紧盯这种"人名重复"的现象。只有等到"氏名"诞生，以及后述"改名"禁令出台后，有且只有一个"本名"的新常识才逐渐深入人心。虽然江户时代人也基本上是一人一名，但仍有一些人同时持有多个本名。这一现象与身份格式相关的"人名"用途紧密相关，又和"世袭家名"的本质属性一脉相连。更重要的是，江户时代有着与近现代日本完全不同的社会管理制度。

不过，一人以不同业种的工作维持生计，身兼数职，在任何一个时代都并非新鲜事。但江户时代与近现代日本最大的区别，并非在于"既身为武士，又是百姓"之类的现象，而是"为什么不将多重身份全部整合在一个人名内，一定要故意使用多个人名分别行动"——江户时代的"一人两名"正是当时社会制度下特有的历史产物。对于以"本名唯一"为思考前提的现代人来说，虽然也会使用笔名、艺名，或者网络 ID 等"别称"，也有操持副业，或在多个行业兼职的情况，但这无法与江户时代的"一人两名"相提并论——因为两者"同时使用不同人名"的目的与历史背景有着云泥之别。

因此在明治初年，当社会转型为必须由国家来进行国民管理时，江户时代以来的"一人两名"就被视作"非情、非理、非法"之物，遭到整顿与取缔。对此有兴趣的读者，还请移步拙著《一人两名：日本江户时代不为人知的双重身份》。

限制改名的发端

稍微扯远了，让我们把话题回到"改名"上来。

明治初年，为了完成新政府下达的人名申报令，诸公卿、诸侯及一众官员以向来的惯例，或者根据自己的情况进行改名。

但因每人每次的改名都需要提出申请并得到批准才能完成，一下子就给新政府增加了大量的工作，影响到正常事务的处理。

早在明治二年二月十八日，军务官①便就此问题有过议论，并上呈提案。军务官建议，希望新政府能够在诸侯及中、下大夫叙任（即随叙位以及任官，如任"大和守"发生人名变更）、改名（更改通称、名乘等）后，将他们的新名以布告公示。由此可知，因为人名变更的信息并不公开共享，给军务官在事务处理上造成了诸多不便。新政府回以"日后再议"，并未再多言及任何的具体措施。

顺便一提，此时由军务官判事全权负责军务官的实务，而那位森金之丞（森有礼）即是其中一员。就在军务官上呈提案约两个月后的四月七日，森金之丞也向公议所提出议案，内容包括"通称、实名"二者取一，以及禁止再以官名为名等事。或许军务官的提案未能实现，与森金之丞提出的议案不无关系。

此后，因新政府的管理标准向"姓名"转向，围绕人名上演的"混乱大剧"便愈演愈烈。然而即使身处这股风波中，官员、华族、士族及非役有位者依旧根据需要改名（通称、实名）、改姓（苗字、本姓），接连不断向上申报。直到明治四年七月政府新设三院制后，才终于开始着手整顿乱局。

明治四年十月十三日，东京府向上呈报提案，批评华族、士族的改名问题给支付家禄等事务手续带来了太多不便。华族、士族的改名申请，有些人于本籍所在地上报，有些人则提交给

---

① 1868年新政府在京都所设军政机关，1869年随兵部省的建立而废止。

了省厅等各自的工作单位。东京府建议有必要出台一套程序，供收到改名申请的两方共享信息。新政府对此回答道，"近来改姓名之愿频出，于名册制作甚是繁杂。且正逢多事之秋，更添不便"，认为改名问题确已成为政府执行各种事务的一块"绊脚石"，应对此加以限制。

于是十月十八日，新政府下令："今后官员若迫不得已必须进行苗字、通称、实名等信息变更，所有的申请都要先提交给所辖地的地方官，再由地方官将该申请呈报给官员在职的官厅。"这一时期，相关政令针对的对象皆为华族、士族与官员，平民则不在其列。而除了前述禁止改以国名、百官名为名，我们还能发现在该项政令中，新政府虽然并未禁止改名，但是其方针希望众人非必要不改名，首次对江户时代以来的"改名"传统做出了限制。

同时，东京府在上呈的提案中还指出："四民之改名也极易在户籍登记上造成错乱。"而在新布告发布前的审议阶段，左院也提及"对禁止四民改名一事未有异议"——改名问题给户籍登记等诸多政府事务带来不便，并在管理上引发混乱。基于这些情况，未来涉及所有国民的"禁止改名"之策已在此时成为新政府的既定方针。

改名禁令

明治五年八月二十四日，新政府发布太政官布告，全面禁止一切形式的改名（改苗字、名、屋号）。此距整合通称与实名的新概念"名"之诞生仅仅过去了三个多月。其令原文如下所示。

自华族，迄平民，自今苗字、名、屋号一同，禁止改称。

　　但因同苗同名，有害生计亦别无他法者，可向管辖厅
申告改称。

　　也就是说，从今往后，上自华族，下自平民，无论苗字、
名，甚至包括屋号在内，原则上一律禁止"改称"。而有些人因
为"同苗同名"实在无法正常开展社会活动，新政府也以但书
做了补充说明，仍允许其改名，算是留有余地，不过也仅限于此。

　　新令出台的契机源自同年七月二十日大藏大辅井上馨的上
书提案。该提案内容大意为"臣民一般"改称苗字、屋号，于
政府"诸般查验之事有碍，不合时宜"，应予以禁止。可见，无
论是强制推行使用苗字的政策也好，或者限制"改名"的政令
也罢，新政府的着眼点全在于是否能够有效地实行国民管理。
而当下我们对于人名的基本常识，即现代"氏名"成立的两大
前提亦终在此时定形：氏名由"苗字"与"名"组成；且氏名
一旦敲定一生不变。

　　当一个以户籍制度为核心，一体化管理国民之名的庞大
"国家"登场后，随着国家管理上的情势变化，禁止"氏名"
改名应运而生。改名行为不仅增加了政府的工作量，最关键的
是会造成户籍登记上的混乱，因此遭到禁止。

限制改名的放宽

　　禁止改名仅仅是为了便于政府更有效地管理国民，别无他

用。但江户时代以来"改名"传统背后的各种原因，以及以此产生的各种观念、常识也不能就此一笔勾销，完全置之脑后。就此，新政府果然还是从明治八年起放宽了限制改名的要求。

明治九年一月二十七日，新政府修改了之前改名禁令中的但书部分，在"同苗同名"后添一"等"字，变成了"但因同苗同名等，有害生计亦别无他法者"。虽是一字之差，却以正式书面形式扩大了"因故必须改名对象"的范围。继而在明治十三年，种种迹象表明，针对以"营业方面的需要"或者"别有隐情"为由提交上来的改名申请，新政府也将其算在"据其身家之实情，有害生计，别无他法"之中，一律予以通过（井户田博史曾对"改名限制放宽"的前后做过翔实考证，可参考其著《氏、名、族称的法学史研究》）。

然而此后禁止改名的原则并未发生改变。幼名、成人名、隐居名等人名自然也不属于"有害生计，别无他法"的范畴。就此，伴随生涯节点相应改名的习俗便逐渐销声匿迹。因为自此以后，个人的每一次改名都需要面对一堆行政上的繁文缛节。江户时代轻轻松松的"改名"之举，如今在制度上已经困难重重。即便在现代社会，依据现行户籍法（1947 年法律 224 号），个人改名不但需要"正当理由"，并且只有经家庭裁判所①判决后才能生效。

以明治五年限制改名诸策的出台为起点，日本人的人名终于固定下来了，是为"氏名"（苗字＋名），且原则上无法改

---

① 日本专门处理家庭、少年相关事务的下级法院。

名，终生用此一名——一个划时代的人名常识就此降临，而它亦是明治政府不断完善国民管理的历史产物。

名不示人

江户时代，每个人都拥有一个与其地位或职业相符的"人名"。这种观念直到"氏名"成立之后仍然短暂延存。放宽改名限制后，基于这一社会认知提出的改名申请也得到了新政府的批准。

譬如一位曾以旧实名系为名（如正义或者贞信）的士族，投身商贩活动后希望能够改名为通称式人名（某兵卫或者某治郎），提出申请，获得首肯（1877 年，茨城县）；又或是另一士族子弟，原来的人名也由实名而来，后过继给某位平民成为其养子，从事农商之业，所以他也想着要改一个符合新身份的人名，得到了政府准许（1882 年，宫城县）。

在这些人的观念里，明明只是商贩、农家的当家，却煞有其事地顶着一个武士风之名，实在有些不合时宜。尤从上述宫城县之例的史料来看，其改名理由为"文字众庶难解，有害商贩"。也就是说，实名系的人名对于庶民来说太过陌生，大多数人甚至连念都不会念。像这样"文字难解"的人名，无论是对使用者本人也好，还是周围人也罢，都是麻烦。

在其他获准改名的例子中，还有人原本称作"某右卫门"，以医师为业后，自觉"某右卫门"之名在行医或其他方面"有失信用"，便提交改名申请，希望改名为"某庵"等与医师身份相符的人名，同样得到了批准（1883 年，静冈县），实乃江户

254

时代"医者应有医者之名"观念的延续。

另外如盲人按摩从业者，在江户时代被叫作"座头"（上位者称作勾当、检校），其所属组织则被称为"当道座"。按惯例，他们皆以读音为"ichi"之字做后缀称名，如"竹一""太一"①等。近代以降，虽当道座不复存在，但按摩业者应以"某某ichi"为名的意识尚存。故而相关业者以师傅所赐之名向上申报，受允改名（1882 年，栃木县）。虽说改名缘由是出于"营业上的考量"，但这无疑还是"以名示人"的江户遗风。

不过这样的观念、认知随着时代的发展日渐消散。与江户时代不同，虽说仍能改名，但面对一堆"改名手续"时，总有人或多或少觉得麻烦，而且就算提交了申请，也不能保证一定能得到批准，所以越来越多的人在一开始起名时就会审慎斟酌，省得日后还要改名。"人之一生，人名唯一"的观念也就此深入人心，变成了近代以降日本的社会常识。

当然，像出家为僧需要改名这样的特殊情况，在新政府放宽改名限制后仍旧可以获允变更。入道更名即使放在当下亦被视作"正当理由"，是一种常见的改名情况。除此之外，现代的日本人"名"已经不再具备江户时代"人名"那般体现个人地位与职业的作用了。于是乎，"名不示人"——这便是现在"氏名"的常识。

---

① "竹一""太一"中的"一"字在日语中发音为"ichi"（イチ）。

尾声

人名的未来

日本人姓与名的发展脉络

本书以江户时代的人名常识为起点，对"氏名"这一现代人名形式及其衍生的观念常识，在明治初年诞生、成形的全过程进行了追根溯源。

江户时代，"人名"与"姓名"用途各异，并行于世。而在其背后，以武家为主体的社会一般常识与朝廷社会中的人名常识，在"人名"与"姓名"的定位与认识上互相对立。尤其对被当成通称使用的"官名"，以及类似官名又源自官名的"通称"，两种不同的人名常识之间更是南辕北辙。不过，至于人们拿"人名"做日常使用之名的既定事实，以及"人名"所起到的体现使用者身份与社会地位的作用，无论在哪一类的人名常识中都未有异议。

然而到了明治初年，以朝廷势力为顶点的新政府亮相登场，曾经只是少数派所信奉的朝廷常识一跃而上，占据了优势地位。为实现王政复古的梦想，朝廷势力基于自己的观念重新改造社会。于是，在以"官名"名实一致为目标的官制改革，以及"姓名人名化"政策的双重合力下，原本的人名形式摇摇欲坠。不仅官名无法再做通称使用，竟还出现了实名做通称使用的情况。少数派的朝廷常识，面对与之相异且大多数人习以为常的武家或一般社会常识，步步紧逼、咄咄逼人。最终围绕人名问题，对立、矛盾的两种不同认知与观念正面交锋，上演了一出出"混乱大剧"。

这场闹剧随着政府首脑中"复古"势力的纷纷离场倏尔落下帷幕。为收拾残局，新政府不再允许使用"姓名"作为人名，更将通称、实名整合为一，打造出一个新概念"名"。就此，一个崭新的人名形式，即现代日本人的"氏名"就此诞生。

这一巨变发生在庆应三年末到明治五年五月之间，不过是五年多的时间。此后，"氏名"成为近代"国家"管理"国民"的利器，庶民的生活也随之发生了翻天覆地的变化。明治五年八月，改名禁令（后部分限制放宽）横空出世，江户时代以来的"改名"习俗就此不复存在。继而在明治八年二月，苗字强制令出台。至此，历史车轮终于走到了全日本国民都必须强制使用"氏名"的那一刻（相关事件年表可参考附录）。

想必随笔者来到此段的读者已经对"人名""姓名""氏名"之间的相异之处了然于心，也对从江户时代到明治初期"氏名"诞生为止的曲折历史洞若观火了吧。

人名表记"混杂一同"之现状

"氏名"成立的经纬却随着时间流逝，渐渐为人遗忘，甚至社会上还出现了诸多混淆视听、牵强附会之谬论。一会儿把明治五年通称、实名的整合之举说成"江户时代的人名太过复杂，借明治维新之机，新政府一番调整，使其便于使用"；一会儿又将强制推行使用苗字之策解释为"明治政府新政普照四方，天下万民从此皆可自由使用苗字，从封建社会获得解放"——诸如此类，不是出于某种政治目的，就是受到了某些思想的影响，净是一派胡言。直至今日，仍有许多人对此深信不疑。

当我们翻开历史教科书时，幕府老中"松平定信""水野忠邦"等一众历史人物纷纷登场。但这些人名表记实际上都是"苗字＋实名"的形式。老中在任时，"松平越中守""水野越前守"才是他们使用的"人名"。因此若放在当时，无人会以"松平定信""水野忠邦"称呼他们，两人也不会以此自称。其实像"织田信长""井伊直弼"这样"苗字＋实名"的表记形式，不仅现代的教科书，在江户时代人爱读的《日本王代一览》《日本外史》等历史书籍中也常常出现。这是因为前近代的"人名"（官名、通称）会随着改名不断变更，于是为便于记述，就把"人名（苗字＋官名／通称）＋名乘（实名）"的表记形式简略成了"苗字＋实名"，例如"三好筑前守长庆"就直接写作"三好长庆"。

在这类人名表记中，却混杂着诸如"大盐平八郎""江川太郎左卫门"这般"苗字＋通称"的形式。它们正是这些人自己在当时使用的"人名"。再仔细一翻，间宫林藏（实名为论宗）与伊能忠敬（通称为勘解由）并肩而立，即使是同时代人物，人名表记的标准也不统一。这是因为"伊能忠敬"的叫法太过有名，用来做称呼的"伊能勘解由"如今却鲜有人知；间宫林藏的例子则正好相反，其通称反倒是闻名遐迩。教科书在编纂时也是考虑到了这些缘由，采用了脍炙人口的人名称法。从某种意义上来说，的确是非常妥当的选择。

不过在同一本教科书中，古代章节里的人名用的"本姓＋实名"，如"藤原道长"；近代部分却是"氏＋名"的形式，如"伊藤博文"。教科书中出现的一众历史人物，他们的名称看上去都像是以氏、名方式组合而成，但实际上有些是"姓名"，有些是"人名"，还有为了方便历史叙事略记而成的"苗字＋实名"，各式各样、五花八门。人名表记"混杂一同"，在当下大行其道。

被遗忘的常识

不过，会出现这样的情况也是受形势所迫。

日本人的人名有三种类型：历史上的"人名""姓名"及1872年以降出现的"氏名"。无论哪一种类型的人名表记，都无法将所有的形式统一在内。在藤原道长、源赖朝（本姓＋实名）的时代，称号/苗字等概念还没有被当成表示人名的固定符号。但到了织田信长活跃的历史时期，"姓名"早已丧失了实用性。若还是要以"姓名"的表记标准来统一称呼的话，实在与当时人使用的"人名"相去甚远。再加上"人名"不仅会以官名为通称，还有着改名的传统，表记不定，所以为了方便记述历史人名，选取"苗字＋实名"的方式也情有可原。另外还有许多历史上的著名人物，其"人名"家喻户晓，"实名"却无人知晓，或者有没有实名都不可知，因此教科书编纂才选择以"人名"（苗字＋通称）的方法表记其名。但若不知这些始末缘由，就会产生误解，以为"古往今来，个人之名皆由氏、名组合而成"。

即使是在江户时代，也有着与古代、中世截然不同的人名常识。而苗字、通称、本姓、实名等人名部件的分类却古今一辙。因此对于"织田信长"这样的称法，江户时代的人们有着清晰的认识，知道这并非其生前所用之"人名"，只是为了方便历史叙事的权宜之计。但现代人的人名常识形成自"氏名"诞生的1872年，日常所见、所闻都是"氏名组合"。也难怪他们会把"织田信长"曲解为战国时代人的日常使用名了。甚至像"个人之名一生唯一，父母所赐，独一无二"的认知观念，现代人也会拿来与前近代的历史人物共情。于是就不免心生"德川家康的父母大人为何要给他取家康为名"这样的荒谬疑问。

现在的"氏名"与前近代的人名表记形式到底有何不同——的确很难用只言片语就把这个问题解释清楚。学校上课时，老师也最多一笔带过，不会具体展开。若要理解日本历史的本质，这些内容却是基础中的基础，至关重要。

一部人名史，看尽社会变迁

人名嬗变无疑是那个时代社会状态的真实写照。

战国乱世，官名僭称蔚然成风，波及甚广，人们的通称也因此受到巨大影响。到江户时代，幕府虽然禁止了正式官名的官名僭称，但仿官名也好，某右卫门之类的通称也罢，依旧盛行于世，可谓僭称遗风仍在。再到明治初年，王政复古浪潮席卷而来，为实现官名"名实一致"，新政府欲使"姓名"成为正式人名。但此般图谋如昙花一现，在实用性面前不堪一击，更是在与社会一般的常识碰撞后退潮。不过实名却成为未来新概念"名"的重要组成部分，余音缭绕。

在日本人名的漫漫历史长河中，表记形式向"氏名"转型，其速度之快实在有些异乎寻常。因为它不是自然而然的移风易俗，而是受政治影响，自上而下人为强制变更的结果。但如果因"氏名"是近代国家的强制之举，就想着要恢复"人名"或者"姓名"，那结局必定就和当年那些高举"正名""复古"理想之人一样，将人名形式搞得一团糟，留下一地鸡毛。当下对于"氏名"本身也好，其形式也罢，很少会有人心生不便之感，甚至倒不如说是"爱不释手"。因此，任何所谓"正论"之言，欲行"拨乱反正"之举，只会白白招来无妄之灾，实乃荒谬无比之念。

今昔对比，无论哪个时代都不可能一模一样，必有差异。要是拿过去的"正确标准"来衡量今时，那么现在的一切都会是"差三错四"。然而，这些过去的"正确标准"，譬如古代人名世界中"姓名"是固定的，但若真要向上追溯，在遥远的太古时代"姓名"是否存在都是两说。同样，现在的"正确标准"放到未来也会被后人说成是"差三错四"。

在这个世界上，不存在一个人名形式的"绝对标准"可以横跨现在、过去与未来。社会变迁，人名形式也会随之嬗变。有人拿现在与过去相比，而后有所讥讽也无可厚非。不过正如故实家伊势贞丈曾经低声抱怨那般："辄应随世之风俗矣。"

女性的"氏名"

本书主题并不涉及女性之名，但是最后也想稍微对此问题言及一二。因为"氏名"诞生以降，女性之名的形式与用途也发生了巨变。

在江户时代的社会结构里，当主以外的家族成员经由当主从属于各个社会集团。因此，就像当主之子称为"某某村百姓权兵卫悴①甚太郎"那样，女性也以诸如"百姓仪右卫门女房②阿薰""大和屋宇藏同仪家母阿雅""诹访宇右卫门娘③阿来""中村善太夫后家④阿乐"等形式为名做称⑤。女性之名一般不分通称、实名，硬要归类的话，"阿薰""阿雅"等更接近实名。因此若以"百姓仪右卫门女房阿薰"为例，其中"仪右卫门女房"的部分便近似通称，故常被拿来做通称使用，不会直接称呼其实名。当然，不称实名也与向对方表示敬意或者实名避讳的习俗有关。

庶民的话，丈夫或父亲死后，由母亲、妻子、女儿来继任女当主的例子比比皆是。另外，当在町内拥有多处房产时，常常有人会以当主之外家族成员（包括女性）的名义对部分资产进行使用、持有。在这些场合下，我们就能够看到一些女性以

---

① "悴"在日语中指对自己儿子的谦称，即犬子、小儿。
② "女房"在日语中原意为宫中高级女官的房间，再指宫中女官及贵族的侍女，后泛指平民之妻。
③ "娘"在日语中指女儿。
④ "后家"在日语中指孀妇。
⑤ 为方便国内读者阅读，女性之名全部挑选了适当的对应汉字，但其原文则为「百姓儀右衛門女房しけ（げ）」「大和屋宇藏同儀家母まさ」「諏訪宇右衛門娘きた」「中村善太夫後家らく」。中世以后，庶民女性之名的特征是多用双音节平假名，鲜见汉字。

"百姓千惠"① 这样的形式为名做称。如果是商家的话，则会沿用前任当主（已婚者随夫，未婚者随父）的屋号冠名而用，如"住吉屋阿缘"② 之类。不过像"诹访阿来"那般直接接续苗字的表记形式，至少在江户时代的公文书中难见其影。

而江户时代的女性文人墨客，从人名录来看，其名多表记为"江田氏女"（名为里子）、"高畑氏室"（名为登美子）、"田中氏母"（名为柳子）等形式（可参考文政五年版《平安人物志》）。此处所见苗字，也同样来自其父亲、丈夫或儿子，"婚后是否要变更苗字"的观念在当时并不存在。顺带一提，"某某子"中的"子"字，只是附着在"里""登美"之后的修饰文字，并非她日常使用名的一部分。

待到近代，称名无须再通过当主中介，也不用再依附于各个社会集团。随着国民一元化管理的不断推进、深化，女性的个人名也必须采用"氏＋名"的组合形式。于是这里就产生了一个新问题：在"氏"的选择上，女性是该沿袭娘家旧例，还是说与夫家一同。

明治八年五月九日，新政府就石川县的问询做出"妇女嫁人后，仍应用所生之氏"的指示。新政府以"夫妇别姓"为方针，规定女性即使结婚后仍旧保持原有苗字不变。只是在当时，若妻子（孀妇）继承户主后，还是会去承袭丈夫的苗字，与江户时代女当主（多为孀妇、女儿）袭用屋号的传统一脉相承。

---

① 原文为「百姓ちゑ」。
② 原文为「住吉屋ふち」。

因此，与新政府的方针相对，现实中依旧存在"夫妇同姓"的情况。世间舆论对此也是各执一词、莫衷一是。最终在1898年，民法规定所有家族成员必须与户主同姓，才为这场"争端"画上句号。这也是现在日本人"夫妇同姓"传统的开端。

"氏名"诞生前，或者说在国家以"氏名"实施一元化国民管理之前，没有人会去关心夫妇该是同姓还是别姓——这就是一个典型的"近代"式问题。

氏名的未来

改名禁令颁布后，无论是否情愿，人们只好照单全收。"个人之名，一生唯一"也逐渐成为人名世界的新常态。再经岁月更替，它又慢慢蜕变成我们现在习以为常的观念"父母倾注感情赐我人名，独一无二"。当下，父母长辈手握取名"大权"，所以通过人"名"还能一窥起名者的兴趣爱好、人文素养或者其生活境遇。放在明治初年，谁都无法料到历史会发展成如今的模样。

禁令颁布后不久，人名依旧与使用者的出身之处，如"家"、村、町等所属社会集团保持紧密的关系，与江户时代并无二致。或是饮水思源，期望能把先祖之"名"代代相传；又或是为了不在集体中显得格格不入、特立独行，周围都是某三郎、某兵卫之名，也自然继续以此为标准取名称用。实际上，在"战前"（1945年以前）的一些农村，像某三郎、某兵卫这样，源自旧时通称的人名比比皆是，在当时人的认知里实在是再"普通"不过了。为了能在集体大环境中过得一切顺遂，也为了稳定社会秩序，选取与周围人同类型人名的观念便自然有着长久生命力。

然而斗转星移，近现代的家族与社会构造不断更迭。无论好坏对错，人们也变得越来越不愿意受家庭与社会传统的"规训"。从明治安田生命每年发布的"人名排名"（前 10 名）来看，1912 年排名靠前的人名分别为"正一、清、正雄"；而到了昭和初期，一字三音型人名，如"清、勇、实"等，人气十足，霸榜多年；再到 1943 年前后，"胜利"这样的实名风"名"开始现身榜单。这一时期，"胜、勇、进、勋"等名也一直排名靠前，与当时正处战争的历史背景不无关系。

　　像"清""正雄"这样一字三音或者二字三音型人名，乃江户时代陪臣，或者明治初期士族的常用通称。不过给孩子以此取名的父母长辈，应该谁都不会意识到还有这样的历史渊源吧。人名，既是父辈"取名审美"的体现，更能够通过其看尽社会众生百态、时代变迁。

　　而当下日本的人名更是与早前的"普遍标准"渐行渐远，是对现代社会尊重"个性"，标榜"多元化""多样性"发展社会价值的真实写照。不过，有时父母所赐之名因为太过"个性丰富"，也有对此不满的孩子在长大成人后跑去"改名"。人是社会性动物，无论哪个时代，要融入某一个集体就必须接受某种"普遍标准"，而太过"个性"，过多彰显"多元化"，就会和那些"普遍标准"发生冲突。这种社会现实又通过人名问题直接反映出来。因此现代社会的"人名认知"也并非铁板一块。

　　人名及其衍生的认知、观念、常识，今后到底会出于何种原因，经过多少时间，变成怎样的模样，谁都没有答案。只是一部人名史，看尽社会变迁。这样的道理亘古不变。

附　录

附录1　部分专有名词对译表

全书涉及与日本人名各要素有关的概念众多。这些名词尽管皆由汉字构成，但中日有别，更有古今之差。为便于读者理解和查询，在译词上尽量选择汉语中已有概念进行对译，同时最大限度保留日文汉字原文。以下为本书主要专有名词的中日对译表。

日文原词	中文译词	备注
氏名	氏名	
名前	名、"人名"	当表示近现代日本"氏名"中的"名"时，译为汉语"名"；凡用以概括前近代日本"苗字通称"或"通称"时，则使用汉语"人名"一词。详见第一章
人名	人名	
氏	氏、姓氏	
名	名	
本名	本名	
苗字、名字	苗字	可参照序章注释
通称	通称	详见第一章
实名（名乘）	实名（名乘）	详见第二章

日文原词	中文译词	备注
姓	姓	
カバネ	姓（kabane）	详见第三章
尸	尸	
本姓	本姓	
法体名	法名	
戒名	戒名	
諱	名讳	
字	字	

附录 2　明治初年人名形式的变迁及主要相关事项年表

变化阶段	年	月	日	相关事项	人名的统一、废除与整合					
					苗字	通称			姓尸	实名
						正式官名	准官名	一般通称		
I 整合、废除旧官名 创制新官名	庆应三年（1867）	12	9	王政复古大号令颁布；三职制设立		旧				
	庆应四年（1868）（明治元年）	1	17	七科制设立						
		2	3	八局制设立						
		4	13	明治政府下达指令，要求诸侯等提交俗名、实名的明细书						
		闰4	21	政体书七官制设立；新设官等						
			22	三等官以上的征士授赐叙位						
		10	23	明治政府再度下达指令，要求诸侯等提交明细书						
		11	8	明治政府命五等官以下任职者，在职期间向上返还官位						
			19	明治政府禁止各诸侯以国名、所名为苗字						
	明治二年（1869）	1	5	下大夫以下，官位一律停用						
		5	8	明治政府废止授自三门迹的职人受领						
		7	8	职员令（二官六省制）设立；明治政府修正官位序列，废除旧有官职		新				
				☆旧官名被废除；新"官名"诞生						
				☆新政府重新调整位阶，并命非役有位者不许再以位阶作通称使用						
				☆百官名、国名受波及，无法再作通称使用						
				☆引发以"实名"作"通称"的乱象						
II 姓名作为正式人名使用 废止以官名作通称使用		8	3	明治政府命各地整理、统计判任官以下官吏之名，并提交上报	×					
		11	29	明治政府命各府县，在判任以下官吏受任之际上报姓名						
	明治三年（1870）	2	底	明治政府命各府县制作职员录（使用姓名），并提交上报						
		9	19	针对平民的苗字公称自由化开始（苗字自由令）						
		10	17	明治政府命各府县每年制作职员录（使用姓名），并提交上报				△ ----→		
		11	19	明治政府废止旧官人、原诸大夫/武士、原中大夫等群体之位阶				部		
				明治政府禁止以国名、旧官名作通称使用				分		
				☆日本明确禁止以官名、国名作通称使用				改		
		12	22	明治政府出台在官者与非役有位者的署名格式				合		
				☆官名不可再作通称，故"苗字＋官名"遭废止						
				☆新格式为：官名（位阶）＋苗字＋实名				× ----→		
III 废止姓名 正式开始以 苗字实名为标准	明治四年（1871）	4	4	户籍法出台（次年实施），史称"壬申户籍"				改		
		5	14	神官的位阶一律停用				合		
		7	14	"废藩置县"诏书颁布	×					
			29	三院制设立						
		8	10	明治政府修正官制等级；位阶与官职不再挂钩						
		10	12	公用文书上无须再书以姓尸，仅使用苗字、实名即可						
				☆"本姓"正式退出历史舞台；"苗字＋实名"开始逐渐成为新标准						
			18	明治政府重新规定诸官员的苗字、通称、实名等改名申请程序						
IV 氏名诞生 一人一名化	明治五年（1872）	5	7	明治政府令通称、名乘两者皆用者，今后只取其一					×	
				☆通称、实名被整合为新概念：名						
		8	24	改名禁令颁布（后在1875年对部分内容作出放宽）						
		9	14	针对僧侣的苗字强制令出台						
	明治八年（1875）	9	14	明治政府要求平民强制使用苗字（苗字强制令）						合
					苗字（氏、姓）			名		

注：正式官名栏中的"新""旧"，指以明治二年职员令的出台为界，之前的官名为"旧官名"（旧），之后的为"新官名"（新）；
× 表示某个人名部件遭到停用，或者退出历史舞台；
△ 表示部分内容受到影响；"合"为整合之意，"改合"则指向一般通称改名，或与一般通称统一。

参考文献

除了诸多近世刻本、古记录、古文书，以及日本国立公文书馆所藏明治初年行政文书等史料，本书还参考了许多已经出版的著作、论文，其中主要参考文献如下所举。

青山忠正『高杉晋作と奇兵隊』吉川弘文館、2007。

青山忠正『明治維新』（日本近世の歴史6）、吉川弘文館、2012。

阿部善雄「大名の叙位をめぐる文書」『古文書研究』3号、1970年。

石井良助編『御仕置例類集』名著出版、1971 – 1974。

石井良助『印判の歴史』明石書店、1991。

石井良助・服藤弘司編『幕末御触書集成』岩波書店、1992 – 1997。

石井良助・服藤弘司・本間修平編『幕制彙纂・寺社公聴裁許律（問答集7）』創文社、2004。

石井良助・服藤弘司・本間修平編『諸心得留・諸心得問合挨拶留・諸向聞合書・諸向問合御附札済之写（問答集8）』創文社、2006。

石村貞吉『有識故実』講談社、1987。

伊勢貞丈・島田勇雄校注『貞丈雑記』平凡社、1985 – 1986。

伊藤東涯・礪波護・森華校訂『制度通2』平凡社、2006。

井戸田博史『「家」に探る苗字となまえ』雄山閣、1986。

井戸田博史『氏と名と族称——その法史学的研究』法律文化社、2003。

今西裕一郎校注『和歌職原鈔』平凡社、2007。

上野和男・森謙二編『名前と社会——名づけの家族史〔新装版〕』早稲田大学出版部、2006。

上野秀治「徳川時代の武家の官位」『歴史公論』106号、1984年。

遠藤珠紀『中世朝廷の官司制度』吉川弘文館、2011。

『燕石十種』第3巻、中央公論社、1979。

大藤修『近世農民と家・村・国家』吉川弘文館、1996。

大藤修『日本人の姓・苗字・名前』吉川弘文館、2012。

荻生徂徠著・平石直昭校注『政談　服部本』平凡社、2011。

奥富敬之『日本人の名前の歴史』新人物往来社、1999。

奥富敬之『名字の歴史学』角川書店、2004。

刑部芳則『公家たちの幕末維新——ペリー来航から華族誕生へ』中央公論社、2018。

尾脇秀和『近世京都近郊の村と百姓』思文閣、2014。

尾脇秀和「京都町人の武家家来化とその手続・継承・実態——桔梗屋喜右衛門から寺田喜右衛門・喜三郎へ」『古文書研究』第88号、2019年。

尾脇秀和「近世「名前」の終焉と近代「氏名」の成立——官位の通称利用の破綻とその影響」『明治維新史研究』第16

号、2019 年。

尾脇秀和『壱人両名——江戸日本の知られざる二重身分』NHK 出版、2019。

尾脇秀和『近世社会と壱人両名——身分・支配・秩序の特質と構造』吉川弘文館、2020。

喜田川守貞著・宇佐美英機校訂『近世風俗志（一）』岩波書店、1996。

木下聡『中世武家官位の研究』吉川弘文館、2011。

久住真也『王政復古——天皇と将軍の明治維新』講談社、2018。

坂田聡『苗字と名前の歴史』吉川弘文館、2006。

下橋敬長『幕末の宮廷』平凡社、1979。

島田勇雄・樋口元巳編『大諸礼集　小笠原流礼法伝書（1 – 2）』平凡社、1993。

『新訂　寛政重修諸家譜』続群書類従完成会、1964 – 1967。

新見吉治『旗本』吉川弘文館、1967。

千田稔『維新政権の秩禄処分——天皇制と廃藩置県』開明書院、1979。

高木侃「近世の名前——上野国の事例」上野和男・森謙二編『名前と社会〔新装版〕』早稲田大学出版部、2006。

高梨公子『名前のはなし』東京書籍、1981。

高埜利彦『近世の朝廷と宗教』吉川弘文館、2014。

千葉真由美『近世百姓の印と村社会』岩田書院、2012。

鶴田啓「近世大名の官位叙任過程」『日本歴史』577 号、

　1996 年。

戸石七生『むらと家を守った江戸時代の人びと』農山漁村文
　化協会、2017。

東京大学史料編纂所『大日本近世史料　柳営補任』東京大学
　出版会、1963。

豊田武『苗字の歴史』中央公論社、1971。

西川如見著・飯島忠夫・西川忠幸校訂『町人嚢・百姓嚢・長
　崎夜話草』岩波書店、1942。

箱石大「幕末期武家官位制の改変」『日本歴史』577 号、1996 年。

橋本政宣『近世武家官位の研究』続群書類従完成会、1999。

橋本政宣編『公家事典』吉川弘文館、2010。

『百官履歴』日本史籍協会、1928。

平井誠二「『下橋敬長談話筆記』——翻刻と解題（一）~
　（三）」『大倉山論集』第 46 – 48 輯、2000 – 2002。

深井雅海『江戸城——本丸御殿と幕府政治』中央公論新
　社、2008。

深井博治『新訂華士族秩禄処分の研究』吉川弘文館、1973。

藤井讓治『幕藩領主の権力構造』岩波書店、2002。

藤實久美子『江戸の武家名鑑——武鑑と出版競争』吉川弘文
　館、2008。

藤田覚「近世武家官位の叙任手続きについて——諸大夫成の
　場合」『日本歴史』586 号、1997 年。

藤田覚『近世政治史と天皇』吉川弘文館、1999。

堀田幸義『近世武家の「個」と社会——身分格式と名前に見

る社会像』刀水書房、2007。

堀新一「近世武家官位試論」『歴史学研究』703 号、1997 年。

堀新一「近世武家官位の成立と展開——大名の官位を中心に」山本博文編『新しい近世史 1　国家と秩序』新人物往来社、1996。

正宗敦夫編纂校訂『地下家伝』自治日報社、1986。

松尾正人『廃藩置県——近代統一国家への苦悶』中央公論社、1986。

松尾正人『維新政権』吉川弘文館、1995。

松田敬之『次男坊たちの江戸時代——公家社会の〈厄介者〉』吉川弘文館、2008。

村上直・荒川秀俊編『江戸幕府代官史料——県令集覧』吉川弘文館、1975。

村上直・馬場憲一編『江戸幕府勘定所史料——会計便覧』吉川弘文館、1986。

森銑三ほか編『随筆百花宛』第七巻、中央公論社、1980。

安田富貴子『古浄瑠璃——太夫の受領とその時代』八木書店、1998。

山県大弐著、川浦玄智訳注『柳子新論』岩波書店、1943。

山口和夫『近世日本政治史と朝廷』吉川弘文館、2017。

吉野作造編『明治文化全集第四巻憲政篇』日本評論社、1928。

和田英松『新訂官職要解』講談社、1983。

后　记

江户时代与现代的个人之名，两者有着云泥之别。江户时代的"人名"到底为何物，它又在何时变成了现在"氏名"的模样——笔者撰写此书的初衷，就在于回答这些与我们生活息息相关的历史疑问。

本书以笔者近年发表的论文《近世"人名"的终结与近代"氏名"的成立：官位做通称的破产及其影响》（《明治维新史研究》第 16 号，2019 年）为基础扩展而来。以江户时代与近代两种迥然有异的人名"常识"为着眼点，笔者尝试用历史科普书的撰写方式梳理"氏名"诞生的历史全过程。

因为明治初年"御一新"的出现，许多人习以为常的生活遭到突如其来的冲击。无论是否心甘情愿，他们被迫卷入这场历史大变革，日常的生活就此发生了翻天覆地的变化，人名形式的巨变亦是其中一环。然而对此却鲜有书籍展开过详细介绍。背后的原因多种多样、不一而足，但其中很关键的一点，便是江户时代的人名若放到现在的认知中去衡量就显得特别"复杂"又晦涩难懂。对于这些"复杂"之处，笔者也竭力化繁为简，期望能够简明扼要地将问题解释清楚。尽管如此，本书中的许多内容仍不免有些冷僻深奥，若能让读者知晓一二，掌握其概要，便是笔者之幸。

本书所揭示的"氏名"真相，或许对许多读者来说颇觉意外。仅仅通过江户时代、近代转型期人名形式的嬗变，我们就能发现，沉醉在"传统文化自古以来一成不变"的幻想中，或者以现代人的"常识"为前提或标准去理解过去的事物，其实非常危险——这是历史研究中极为关键的一点，但在平时日常生活中往往被我们忽视。如果阅读完全书后读者可以意识到这一点，笔者将铭感五内。

而在本书所涉及的范围之外，江户时代人名还有着许多现代人无法想象、与身份格式有关的规矩或者书写格式。出于历史科普书的行文要求及篇幅上的限制，笔者只好将诸多与核心内容无关的事项割爱不表。另外再如官名，有着多个不同的读法，皆通行于世。在本书说明相关问题时，笔者基本上统一在了一种读法内，还望方家见谅。江户时代的人名问题仍有着太多的课题等待我们去挖掘，笔者也希望能为此做出自己的贡献。

笔者在执笔过程中多受"筑摩新书"编辑部山本拓编辑照拂，不仅在行文上给予指摘，编辑、校正等诸多事务也得其鼎力相助。另外感谢松田敬之老师为笔者展示、提供了大量的珍贵史料。文末之处，以附记特表感激之情。

2021 年 1 月

译后记

这是一本"非典型"日本人名历史书。

在日本，介绍其本国人名史的书汗牛充栋。奥敬富之、大藤修、坂田聪等一众学者都就此主题著书立作。但尾脇秀和的这本《日本人的姓与名：江户时代的人名为何消失了》可以从中脱颖而出，为读者所喜爱，是因为他跳出了以往同类型著作惯用的行文模式，不再执着于对"姓""氏""苗字"等概念进行"名词解释"，而是把目光放在了使用这些概念的人身上。究其缘由，还是因为这些人名概念在历史上本就众说纷纭、莫衷一是，使用者虽胡称乱呼，却绝不会混淆。人名符号是每个人生活中的必需品，也是一种"一般知识与思想"。

在葛兆光先生看来，"一般知识与思想"是指最普遍的、能被有知识的人所接受、掌握和使用的对宇宙现象与事物的解释。这不是天才智慧的萌芽，不是深思熟虑的结果，当然也不是最底层的无知识人的所谓"集体意识"，而是一种"日用而不知"的普遍知识和思想。作为一种普遍认可的知识与思想，这些知识与思想通过最基本的教育构成人们的文化底色。它一方面背靠人们不言而喻的、终极的依据和假设建立起一套有效的理解；另一方面又在日常生活中起着解释与操作的作用，作为人们生活的规则和理由。本书中，这种"一般知识与思想"便是日本人日常使用的人名，还有日日使用却不明就里的人名常识。

不过，现代日本人名的这种"日用而不知"性并非自然而成，有时还是"一蹴而就"的结果。近代化之于日本，不仅仅是国家制度上的脱胎换骨，普通人的生活也随之经历了一场伐毛换髓。早已习惯却要强行改变，谈何容易。故而围绕人名形式的嬗变，一场场悲喜交加的"闹剧"在明治维新的头几年频繁上演，直到1872年才暂告一段落。这短短的几年时间塑造了现代日本人的人名形式与人名常识，作者着墨最多，也是本书最出彩的部分。

然而诚如作者所言，大部分的现代日本人并不了解这段历史。就算有，很多人也受自身知识背景或意识形态的限制，得出了与历史真相风马牛不相及的论断。因此本书与其说是在聊人名，更不若说是在做历史"祛魅"。在全书最后，作者有感而发——不要"沉醉在'传统文化自古以来一成不变'的幻想中"，更不能"以现代人的'常识'为前提或标准去理解过去的事物"。这一道理在历史研究中极为关键，却往往在日常生活中遭人忽视。然而对于隔海相望的我们来说，或许不仅要了解日本历史上的这种"古今有别"，还要意识到掩盖在同一文化圈"光环"下的"中日之差"。

其实在1872年，除了本书所言"氏名的诞生"，明治政府还颁布了一系列的相关法令，它们同样改变、形塑了所有人对当代日本社会的认知。譬如"明治改历"，对于许多长期浸淫于"现代常识"的中国人来说，因为我们也采取了公历纪年，所以除了偶尔感叹日本人不过"春节"等农历节日，并不会心生违和；但《肉食妻带蓄发令》颁布后所产生的连锁反应，就让很多人觉得颇为意外有趣——日本的和尚不但可以食肉饮酒，竟还能娶妻生子。现代日本人对此却习以为常，甚至觉得出家人本该如此，与我们的认知天差地别。

另外像是在专业研究领域，不少研究者常常拿江户时代儒者林凤冈（林罗山之子）"受封林大学头"一事作为近世"儒学官学化"的标志。然而在阅读完本书后我们就能知道，古制官职中的"大学头"一词在江户时代早已变成了一个单纯的人名符号，不再是实职。再加上武家官位不限定员的特性，当时名为"大学头"的人物或许不止一人，也不一定就和儒学有关联。因此，仅仅以现代人的常识，或者中国人的常识去理解日本历史与社会，就会在不知不觉中陷入某种误区，无法寻得历史的真相。从这层意义上来说，本书能够带给我们的不再只是知识的更新，更是在唤醒所有读者对"一般知识与思想"的思考，因为这就是我们理解这个世界的出发点。

本书的翻译工作历时一年（2022 年 1 月至 2022 年 12 月），恰逢新冠疫情在各地肆虐的最困难时期。在此期间，社会科学文献出版社的各位领导与同人，尤其是李期耀先生为我提供了诸多方便与关照，让我得以安心完成这项艰巨的工程，在此特别向其表示衷心的感谢。同时，鉴于此书所涉及的历史时段跨度较大，而本人学力有限，特别感谢山东大学胡炜权副教授、刘晨副研究员，上海师范大学刘峰副教授、康昊副教授，复旦大学商兆琦副研究员，上海社会科学院宋晓煜助理研究员为我审稿、与我讨论并提供帮助；浙江工商大学江静教授及东亚研究院团队对我的大力支持。最后还要感谢我的太太汪颖霞老师，她在这段时间里不仅对我的工作表示了理解与支持，也在生活上给予了体贴的照料。

本人才疏学浅、水平有限，书中若有疏漏之处，还望诸位读者批评指正。

王侃良

2023 年 5 月 13 日

图书在版编目（CIP）数据

日本人的姓与名：江户时代的人名为何消失了 /
（日）尾脇秀和著；王侃良译. -- 北京：社会科学文献
出版社，2023.7
（启微）
ISBN 978 - 7 - 5228 - 1763 - 7

Ⅰ.①日… Ⅱ.①尾… ②王… Ⅲ.①姓名学 - 研究
- 日本 Ⅳ.①K810.2

中国国家版本馆 CIP 数据核字（2023）第 076106 号

·启微·

日本人的姓与名：江户时代的人名为何消失了

著　　者／〔日〕尾脇秀和
译　　者／王侃良

出 版 人／王利民
责任编辑／李期耀
责任印制／王京美

出　　版／社会科学文献出版社·历史学分社（010）59367256
　　　　　地址：北京市北三环中路甲 29 号院华龙大厦　邮编：100029
　　　　　网址：www. ssap. com. cn
发　　行／社会科学文献出版社（010）59367028
印　　装／北京盛通印刷股份有限公司

规　　格／开　本：889mm × 1194mm　1/32
　　　　　印　张：9.125　字　数：192 千字
版　　次／2023 年 7 月第 1 版　2023 年 7 月第 1 次印刷
书　　号／ISBN 978 - 7 - 5228 - 1763 - 7
著作权合同
登 记 号　／图字 01 - 2022 - 6142 号
定　　价／69.00 元

读者服务电话：4008918866